A arte de restaurar histórias

O diálogo criativo no caminho pessoal

Dados Internacionais de Catalogação na Publicação (CIP)
(Câmara Brasileira do Livro, SP, Brasil)

Juliano, Jean Clark
A arte de restaurar histórias : o diálogo criativo no caminho pessoal / Jean Clark Juliano. - São Paulo : Summus, 1999.

ISBN 978-85-323-0680-7

1. Diálogo 2. Gestalt-terapia 3. Psicoterapeuta e paciente 4. Psicoterapia I. Título

CDD-616.89143

99-3824   NLM-WM 420

Índices para catálogo sistemático:
1. Diálogo: Gestalt-terapia: Psicoterapia: Medicina   616.89143
2. Gestalt-terapia: Psicoterapia: Medicina   616.89143

www.summus.com.br

Compre em lugar de fotocopiar.
Cada real que você dá por um livro recompensa seus autores
e os convida a produzir mais sobre o tema;
incentiva seus editores a encomendar, traduzir e publicar
outras obras sobre o assunto;
e paga aos livreiros por estocar e levar até você livros
para a sua informação e o seu entretenimento.
Cada real que você dá pela fotocópia não autorizada de um livro
financia o crime
e ajuda a matar a produção intelectual de seu país.

A arte de restaurar histórias

O diálogo criativo no caminho pessoal

Jean Clark Juliano

summus editorial

A ARTE DE RESTAURAR HISTÓRIAS
O diálogo criativo no caminho pessoal
Copyright © 1999 by Jean Clark Juliano
Direitos desta edição reservados por Summus Editorial

Capa e projeto gráfico: **Neide Siqueira**
Fotos de capa e miolo: **Ronaldo Miranda Barbosa**
Editoração: **Join Bureau**

1ª reimpressão, 2020

Summus Editorial

Departamento editorial
Rua Itapicuru, 613 – 7º andar
05006-000 – São Paulo – SP
Fone: (11) 3872-3322
http://www.summus.com.br
e-mail: summus@summus.com.br

Atendimento ao consumidor
Summus Editorial
Fone: (11) 3865-9890

Vendas por atacado
Fone: (11) 3873-8638
e-mail: vendas@summus.com.br

Impresso no Brasil

A meus Mestres e Inspiradores

Robert L. Martin (*in memoriam*),
Gary Yontef,
Erving Polster,
Myriam Polster,
Maureen O'Hara,
Joseph Zinker.

À minha família, que constitui uma rede amorosa, que me acalenta e inspira: **Luiz, André, Paula, Alice, Pedro, Paulinha, Maria** e **Dadá**. E principalmente porque são lindas pessoas.

Em especial ao **Luiz**, meu querido companheiro de todas as horas que, em vez de um cachorrinho, me deu um computador...

Sumário

Agradecimentos. 9

Prefácio 11

Introdução 15

PARTE I
Uma imagem do processo terapêutico 21

Em busca de uma boa forma de descrever o
   trabalho em Gestalt 25

Trabalhando com a percepção: o mapa da mina 37
   Focalizando o processo. 39
   O experimento 42
   Abrindo a caixa de ferramentas... 43
   Encurtando uma longa história 47

Sonhos, imagens e fantasias: tecendo o encontro
consigo mesmo 49
Entrando no Templo de Asclépio ou puxando a
ponta do fio... 53

A arte de restaurar histórias, libertando o diálogo 65
Olhando o processo terapêutico em perspectiva. 66

PARTE II
A Mestra Artesã. 89

O sabor de ser terapeuta 95

Três mulheres fazendo arte 101

Pelas ladeiras da memória, encontrando mestres 107

Ser terapeuta: falando de amores e dores 113

PARTE III
Presença de espírito 123

Olhando para esse admirável mundo novo com
perplexidade e indignação... 127

Carta para uma amiga inquieta 131

Carta para uma amiga: reflexões sobre a vida e a morte . . 137

A professora 143
Era a guerra, com toda a sua destruição! 145

Arremates 149

Bibliografia interna 151

Agradecimentos

No período de preparação deste livro, algumas pessoas estiveram muito perto, doando generosamente seu bem mais precioso: tempo. Leram e releram meus textos, comentando, me acompanhando, incentivando.

Alberto Pereira Lima, Ana Paula Lepique, Ronaldo Miranda Barbosa, Daisy Grisolia, Paulo Barros, Myriam Hoffman, Maria Celisa Barbalho, Selma Ciornai, Cassiana da Silva Castro, Fátima Barroso, George Schlesinger, meu dedicado e atento editor.

Agradecimentos Especiais:

Zaíra Távora Clark, Dorina Juliano, Fanny Ligeti, Raquel Vieira da Cunha, Thérèse Amelie Tellegen, mulheres excepcionais, cada uma a seu modo.

As pessoas, familiares, clientes, alunos e amigos, que se tornaram parte integrante de minha **bibliografia interna**.

Prefácio

Estamos prestes a adentrar uma sala íntima. A anfitriã cuidou de deixar a lareira acesa; separou seu melhor vinho e preparou um *fondue* de queijo; cabe a nós, os convi- dados, a delicadeza da mais respeitosa escuta e do mais carinhoso olhar.

Vamos apreciar um cofre cheio de preciosidades, ouvir segredos de cozinheira experiente, aprender a alinhavar retalhos com a artesã das colchas. Não é apenas a psicoterapeuta madura quem nos fala, nem somente a mestra conhecedora de seu ofício, a supervisora, a madrinha, a iniciadora.

É a alma de uma grande mulher que se expressa calorosa, ao pé do ouvido, em delicado cochicho, preenchendo com sabedoria a cesta de coleta de quem se dispõe a acolhê-la. Saibamos de partida, é alma de menina gentil; assim como, despojada, nos entrega os frutos, também, esperançosa, aguarda que lhe ofertemos uma fatia da torta caseira que com eles faremos.

O psicoterapeuta experiente tem, neste trabalho, um exemplo do que é uma boa síntese. É possível que se sinta legitimado no desempenho de seu ofício e encontre, sob o abrigo seguro do conhecimento aqui compartilhado, um suavizador para a imensa solidão inerente à função do curador ferido.

O iniciante, por sua vez, poderá encontrar, caso se disponha a ouvir em fina sintonia, um parâmetro confiável e orientador para arquitetar sua conduta.

O leigo, podemos antecipar, encontrará na atitude dialógica da autora o amparo capaz de lhe restaurar a fé no bem suceder dos processos existenciais e psíquicos.

Comparável ao que seria o térreo de uma edificação, a primeira parte do trabalho é mais técnica, mas apenas no sentido de que, ali, ela faz transparecer ao leitor, uma a uma, as etapas do procedimento que adota no exercício da função de psicoterapeuta. O leitor tem a rara oportunidade de acompanhar, sinapse por sinapse, o percurso de seu raciocínio e o uso instrumental que faz de sua própria subjetividade a serviço da relação terapêutica, podendo identificar as noções e critérios que norteiam sua conduta no atendimento psicoterápico.

Não se encontra nessa etapa do texto um livreto de receitas, nem conselhos ao jovem psicoterapeuta, nem muito menos uma aula de métodos e técnicas.

O que se tem é o descortinar do processo psicoterápico e a corajosa desmontagem das paredes do consultório particular, tornando acessíveis ao leitor o caminho percorrido, as dores e os amores envolvidos na difícil e bela empreitada do autoconhecimento.

Do térreo, Jean transporta o leitor ao primeiro nível subterrâneo e, com impressionante generosidade, deixa transparecer o significado, as dificuldades, os encantos e a solidão inerentes ao papel do psicoterapeuta.

Num mundo como o nosso, em que o temor de incluir o outro e a precariedade da confiança nas relações preponderam,

Jean exemplifica, com sua abertura, a atitude capaz de humanizar e ampliar a experiência do homem e da mulher contemporâneos.

Em um contínuo movimento de aprofundamento, a terceira etapa do texto mergulha fundo em reflexões acerca de elementos significativos da vida: aqueles que talvez passem despercebidos aos distraídos, aos excessivamente ocupados com as agruras do cotidiano, aos apressados, aos pessimistas. Ela conta como, da praia, se chega ao fundo do mar e, de lá, à pérola e, desta, ao colar ou ao prendedor de gravata.

Como observadora do ser humano, sem dúvida, mas principalmente com sua imensa capacidade empática, Jean alcança, nos silêncios e sussurros da alma, seus mais sutis anseios por reconhecimento e consideração.

A leitura de seu texto reaviva a confiança necessária para viver amorosamente os confrontos, os conflitos e as dificuldades que permeiam nossas relações com o grande mundo e com os cantinhos mais inexplorados de nossa subjetividade,

Minha amiga, com quantas e quais palavras se pode descrever o efeito do toque profundo, o gosto da fruta, o movimento da alma, o enlevo do espírito?

Alberto Pereira Lima Filho

Psicoterapeuta de orientação junguiana,
mestre em psicologia clínica pela USP,
com especialização em Gestalt-terapia no
Instituto Sedes Sapientiae de São Paulo,
onde foi também professor, supervisor e
coordenador de equipe.

Introdução

Sinto-me plena de histórias, tantas foram as coisas que ocorreram nesses anos de vida e de trabalho como psicoterapeuta, e tenho vontade de contá-las.

Este livro contém histórias para gente grande, não só dedicadas às pessoas das várias áreas da psicologia e afins. Pois não são só crianças que têm vontade de ler e de ouvir histórias: os adultos, por maiores e melhores motivos, usufruem de histórias também.

Elas (as histórias) nos põem em movimento, e uma porção de coisas que julgávamos perdidas, sem nunca mais ter acesso, começam a sair do fundo do baú. Sonhos, fantasias, delírios...

Escrevo para registrá-las, não permitindo que desapareçam, apagadas pelo tempo. Assim, aproveito e ponho um pouco de ordem na minha cabeça, abrindo espaço para novas aventuras.

A maioria dessas histórias veio de alguma forma do meu ofício de psicoterapia. De forma direta ou indireta. Elas foram inspiradas, dadas, criadas ou compartilhadas nesse contexto.

Muitas histórias foram postas sob a minha guarda, já que a pessoa não tinha espaço, ou vontade, ou, ainda, possibilidade de permanecer com elas naquele momento. E tomei conta delas direitinho, por muito tempo. Agora posso começar a devolvê-las transformadas, cumprindo o ritual do resgate.

Quem sabe elas inspirem outras pessoas, que então construirão outras histórias, e assim vamos aumentando a roda...?

O meu estilo de escrever caracteriza-se por *falar com*, dialogando com o meu leitor, com intimidade, buscando sintonia ao falar principalmente de coisas vividas. Tenho uma ambição: a de ser capaz de falar uma língua que todos possam entender, a linguagem do vivido. Sem jargão profissional.

Escrevi textos em épocas diferentes e com propósitos diferentes. Alguns já foram divulgados em outros contextos; são temas conhecidos. Mas para compor esse livro, eles foram revisitados um a um, com toda dedicação, e, na nova ordem, tomam sentido diverso da experiência anterior.

O todo é diferente da soma das partes.

Na Parte I trato do processo psicoterapêutico de muitas maneiras. Falo um pouco de teoria. Conto pequenos detalhes de histórias de pessoas que estiveram comigo. Procuro deixar claro o que ocorre em mim em tais situações, teço considerações, revelando a trama que vai se desenvolvendo a partir desse dueto.

A Parte II constitui-se de crônicas a respeito do ofício de ser terapeuta. Dando conta da difícil tarefa de contar coisas que acontecem, encontros, desencontros... Facilidades, dificuldades, acontecimentos comuns, ou incomuns, surpresas e espantos. Principalmente histórias que trazem inspiração.

A Parte III é constituída de cartas, geralmente respostas por escrito a questões que me chegam, porque me atrevo a dar conta do desafio e também por considerar que, abrindo a discussão do tema, outras pessoas poderão ser parte integrante dessa busca.

A ordem em que os textos estão dispostos segue um critério de escolha de temas de tons semelhantes. Mas, no momento em que esse livro sair de minhas mãos e ganhar o mundo, está pronto a assumir o formato que o leitor quiser. Ou precisar.

Sinta-se à vontade para fazer a sua leitura, pulando capítulos, misturando tudo, lendo de trás para a frente, de frente para trás, selecionando os títulos que chamem mais a sua atenção.

Nesses textos eu me valho de metáforas e de imagens saborosas na tentativa de enriquecer o imaginário, de restaurar um movimento que acredito seja terapêutico por si mesmo.

Tento fazer por escrito o que faço no meu ofício de psicoterapeuta, isto é, "resignificar" ou dar novo sentido para a história. Pois não é tarefa do terapeuta olhar para aqueles retalhos de histórias que são trazidos e, dando voltas, recompondo, reorganizando, rodando ao redor deles, ensaiar novas percepções, dar outras perspectivas?

Principalmente, sonho que você vai conseguir ler o que eu digo e também desvendar aquilo que, por timidez ou inconsciência, apenas sugiro. Ou seja, que será capaz de ler o preto e também o branco...

Parte 1

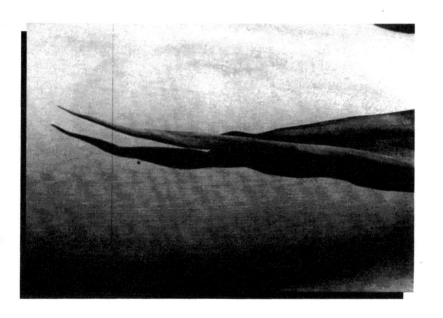

Com os pés bem plantados no chão,
convido você a vir visitar o meu trabalho.
A minha oficina começa a se expandir,
e suas paredes se tornam mais maleáveis.

Uma Imagem do
Processo Terapêutico

O processo de crescimento e expansão da consciência é, em parte, autônomo. Sob essa luz, vemos que cabe ao psicoterapeuta e ao cliente aprender a *dar passagem*, a compreender e cooperar com esse processo.

Esse terapeuta precisa ser fundamentalmente um homem de fé. Fé na possibilidade de crescimento inerente ao homem, fé na possibilidade de autogestão psicológica, fé na existência de um centro norteador, organizador do psiquismo.

A tarefa do terapeuta é acolher o cliente, com tudo que este traz de tenebroso ou sublime, deixando-o depositar no chão sua bagagem, que se tornou pesada de tanto ser carregada nas costas. À medida que se desenvolvem o calor da intimidade e a confiança, o viajante recém-chegado se dispõe a abrir seus pacotes, mostrando então seus conteúdos e compartilhando histórias de viagem, dos lugares longínquos de onde foram trazidos os objetos que hoje, malgrado o peso a ser carregado, constituem a sua atual riqueza e patrimônio.

Para o terapeuta, tudo o que é apresentado é novo; e ele se põe atento e curioso, pois é justamente essa curiosidade, esses olhos e ouvidos atentos que incentivam esse viajante, agora mais descansado, a rever de perto cada um de seus tesouros, permitindo-se fantasiar e sonhar em presença de cada objeto. Instala-se uma fase de discriminação: coisas de pronto uso, outras a serem reformadas, outras de valor ainda incerto a serem guardadas para exame posterior, outras a serem recicladas ou, então, jogadas fora.

A proposta agora é retomar a viagem, desta vez em conjunto. O terapeuta torna-se, na maioria das vezes, acompanhante e, mais raramente, guia de uma enorme jornada. A sensação, de início, é de excitação e susto, já que ele sabe que não pode sair ileso dessa aventura: quando retornar ao ponto de partida, também estará transformado. (Mas é exatamente essa a riqueza do empreendimento terapêutico.)

Durante a jornada, nos trechos de maior nebulosidade, ele se julgará, tal como seu companheiro, perdido. Torna-se necessário o esforço consciente de retomar sua confiança no fato já vivido de que a cada ciclo de involução se segue um ciclo de evolução. Essa alternância nada mais é do que as duas faces de um mesmo fenômeno: o crescimento.

O terapeuta ouve com clareza a declaração do cliente sobre os lugares aonde ele não deseja ir, qual o sintoma que deseja combater, qual a dor que o aflige, qual o monstro que o ameaça. Ele chega ao consultório pedindo ajuda para livrar-se das situações que o machucam. Daí a perplexidade de que é tomado quando percebe que, de maneira firme e suave, está sendo conduzido justamente pelos caminhos evitados...

Nesse percurso, terapeuta e cliente em conjunto fazem o reconhecimento do campo onde se trava a batalha; procuram conhecer de perto o "inimigo", avaliando sua força e potencial destrutivo. Tomam contato também com a energia que existe dentro de cada um, para que esse confronto possa se dar na medida de suas possibilidades.

Realizada essa tarefa, podem relaxar um pouco. Está anoitecendo, é hora de procurar um abrigo, acender o fogo, buscar alimento. Há espaço para conversar, contar histórias — algumas pessoais, outras de ouvir dizer — contar sonhos, fantasias, histórias de assombração.

O aparecimento de cenas, imagens e recordações provoca grande mobilização interna. Um companheirismo se instala; já não se está só. Compartilham essa aventura humana. Suas fronteiras pessoais expandem-se, tornam-se mais abrangentes, mais fluidas.

A perspectiva de enfrentar o dragão já não é tão assustadora. Isso já não vai mais ocorrer na forma de *confronto*, mas sim na forma de *encontro*. O psicoterapeuta incentivará o cliente a ver esse monstro detalhadamente, até que seja possível enxergar para além de seus olhos chamejantes; a ouvir seus urros de alerta que protegem tesouros guardados; a ser cauteloso em não invadir levianamente um território sagrado, onde está depositado um segredo acessível a bem poucos.

Dialogando com seu monstro, o cliente toma tento para a valia e função daquele: o dragão, nesse momento, abandona a sua condição de inimigo que está lá fora, e se constitui num ser conhecido aqui dentro. Agora não é mais possível polarizar. Dragão e herói estão irremediavelmente próximos.

Dessa união, o cliente surge revivificado. A neblina da madrugada se dissipa, o sol aparece, dourando e iluminando o dia.

Por enquanto...

Até se constelar novo combate...

Em busca de uma boa forma de descrever o trabalho em Gestalt

Tentar descrever o trabalho que se faz em psicoterapia é uma incumbência difícil. Afinal, estamos lidando com uma das formas mais requintadas de arte, das quais quero ressaltar algumas características essenciais.

A *Gestalt* é principalmente uma postura diante da vida, que implica um contato vivo com o mundo, com a pessoa do outro, na sua singularidade, *sem pré-concepção de qualquer ordem.* Esse contato apóia-se sobre a vivência, na experiência de primeira mão, no aqui e agora, o que estimula uma presença constante e atenta, com ênfase na percepção sensorial; focaliza o fluxo e a direção da energia corporal.

O objetivo desse trabalho é restaurar a qualidade do contato com o mundo, buscando a vivacidade, a fluidez, a disponibilidade e a abertura, o ritmo e a discriminação nesse processo contínuo em que homem e mundo se transformam.

Temos como proposta inicial estimular o cliente a considerar a sala de terapia e o contato com o terapeuta como um

contexto adequado em que são criadas condições para a experimentação de novas maneiras de perceber o mundo, e também de ensaiar concretamente novas formas de diálogo.

Buscamos alargar as fronteiras pessoais, a partir de um suporte, de um chão bem avaliado. Quando falo em suporte, quero deixar claro que se trata tanto de condições pessoais do cliente quanto do suporte pessoal do terapeuta. Esse suporte é constituído de uma multiplicidade de fatores: a abertura para o trabalho, a energia disponível para se lançar, a postura, o ritmo respiratório, a situação psicológica do momento, as vivências anteriores e, principalmente, o grau de confiança estabelecida de parte a parte.

A principal característica do terapeuta para executar bem esse trabalho é *a qualidade de sua presença*: uma atitude descontraída e atenta, inteira, disponível, energizada. *Ficando com o fenômeno tal qual ele se apresenta, tal qual ele é, mais do que com aquilo que foi, poderia ou deveria ser.*

Poder permitir-se oscilar num contínuo ir e vir entre a percepção da pessoa que lá está e, ao mesmo tempo, perceber em si mesmo como essa pessoa o mobiliza e impacta. Em outras palavras, estar em contato com o outro mas, ainda assim, centrado no seu próprio eixo.

Formamos um novo todo, que é maior do que a soma de suas partes. Forma-se uma nova rede, um novo conjunto inter-relacionado em que o movimento de um interfere no movimento do outro.

A partir desses pressupostos, começamos o nosso trabalho: o foco do trabalho reside na *estrutura* da experiência, no *como* da interação em processo.

A atenção do terapeuta fica centrada não apenas sobre o conteúdo do que é relatado, mas, principalmente, sobre "como o cliente se narra". Inicialmente, é bastante complexa a tarefa de focalizar duplamente, oscilando entre a captação do conteúdo da fala e a maneira como essa narrativa é feita.

A atenção ao nível e à qualidade do interesse que a pessoa põe em sua narrativa traz índices reveladores do grau de integração daquela. Quanto menor a energia colocada na expressão e no relato, menor a integração...

A *escuta interessada do terapeuta é curativa por si só*, uma vez que consegue, por espelhamento, fazer emergir o interesse da pessoa por si mesma, abrindo espaço para que surjam características que estavam escondidas ou negadas.

Mas, na prática, como isso funciona?

Vamos começar do início: o cliente telefona, solicitando um horário, dizendo por quem foi feito o encaminhamento. Negociamos o dia e a hora convenientes para ambos. Nessa fase, a partir do contato telefônico, posso fazer conjecturas e fantasiar a respeito dele.

No dia e hora marcados, ele chega e toca a campainha. Continua aqui a percepção da estrutura de seu comportamento. Como é esse toque: forte, insistente, ou tímido e quase inaudível? Chega antes da hora, pontualmente ou se atrasa?

Abro a porta, me apresento, convido-o a entrar. Chamo-o pelo nome, fico atenta à sua expressão quando me vê, e à minha própria reação ao vê-lo: agrado ou desagrado, aproximação ou afastamento, afetividade ou indiferença. Reparo na sua postura, em como está vestido, em que cores está usando, na sua movimentação ao andar, na maneira como se dirige a mim. Ao chegar à minha sala, noto o lugar que escolhe para se sentar — prefere as almofadas ou a poltrona? —, a distância espacial que coloca entre nós.

Até aqui, já coletei uma quantidade de informações não-verbais.

 A arte de restaurar histórias

Como decodificá-las e o que vou fazer delas ainda não sei. Ficam guardadas para uso posterior.

Espero a fala e noto seu tom, a expressão do rosto e o conteúdo trazido. Espero que a nebulosidade inicial se dissipe e um tema comece a emergir. É muito freqüente que esse tema se apresente *mais naquilo que não foi dito do que no que foi dito*. Fico atenta a discrepâncias entre conteúdo e forma, contradições entre o que se diz e o tom de voz, entre a verbalização e a gesticulação, postura ou expressão facial ou entre o assunto e a linguagem usada.

Fico ao mesmo tempo atenta a mim mesma, ao meu próprio fluxo perceptual. O que sinto, o que penso, que imagens brotam em mim, reações corporais, a minha postura... Tento discernir o quanto dessas reações pertencem a mim, ao meu próprio contexto, e quanto dessas reações vêm do novo sistema constituído, da relação com a pessoa que está na minha frente.

As minhas intervenções são orientadas em direção à focalização da temática do momento, desenvolvendo, desdobrando, intensificando, atravessando esse tema emergente. Procuro não confrontar a dificuldade que às vezes surge em salientar um tema a ser pesquisado.

Tento propiciar, no cliente e em mim, uma atitude de conhecer de perto essa dificuldade, de tornarmo-nos íntimos dela. Respeitamo-la. Se ela surge, deve ter um sentido, mesmo que este ainda não esteja claro.

Essa dificuldade provavelmente tem um sentido adaptativo, ainda que *anacrônico*.

Delineado o tema, surge o momento de propormos um experimento. *O experimento proposto tem sempre a finalidade de afinar, sublinhar, focalizar, amplificar, clarear o tema emergente.* A amplitude desse experimento vai variar muito de acordo com o momento vivido, e com a fase em que se encontra o cliente.

O experimento pode ser minúsculo, tal como o espelhamento de um gesto, o esclarecimento de alguma fala, ou uma pergunta simples. A escolha do uso ou não do experimento vai depender muito da arte do terapeuta, de sua avaliação da fase em que o cliente se encontra e de sua sensibilidade ao *timing* da proposta. Ao propor um experimento, é importante sempre negociar com o cliente, para que ele veja um sentido no pedido, compartilhando a finalidade da proposta, e para que não se sinta manipulado indevidamente.

Resumindo: a *minha* busca, o meu mapa, ainda que provisório, tem de se tornar a *nossa* busca, o nosso mapa, senão não saímos do lugar. Precisamos estabelecer uma sinergia.

O experimento é a pedra fundamental da aprendizagem experiencial. Transforma o falar sobre em fazer, o recordar inócuo e o teorizar em se tornar presente, com toda a imaginação, energia e excitação. O experimento proposto vai depender do tema em questão e, principalmente, das áreas de competência do terapeuta.

O experimento pode envolver muitas esferas do comportamento humano, mas tem uma proposta comum: trazer para o aqui e agora os materiais que surgiram do lá e então, presentificando, energizando e, principalmente, dando ao cliente a chance de tomar posse de seus temas, que antes estavam dispersos e muitas vezes sem possibilidade de serem administrados.

O experimento é diferente do exercício pelo fato de não ser programado ou fixo, mas, ao contrário, espontâneo, novo, emergindo a partir da configuração situacional única.

Nos trabalhos em Gestalt buscamos a tradução do vivido em várias outras linguagens. Para tanto, podemos nos valer da linguagem simbólica, de metáforas, histórias infantis, contos de fada, sonhos e fantasias. Podemos também usar recursos expres-

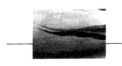

sivos, como movimento, dança, dramatização, escritos — próprios e alheios —, poesias, trabalhos manuais.

O objetivo de traduzir o vivido em diferentes linguagens é tornar as polaridades mais elásticas, as estruturas mais maleáveis, ou seja, fotografar o mesmo fenômeno a partir de outro ângulo.

Queremos, em síntese, vitalizar o fluxo perceptual.

A tarefa da terapia é auxiliar o cliente a delinear as suas necessidades e, como decorrência, formular as suas perguntas...

A partir desse momento ele poderá se administrar melhor, buscando respostas às suas indagações, sendo capaz de intercâmbios criativos com o mundo.

Relatarei episódios de um atendimento, tentando dar conta de descrever o material a que tive acesso, e, ao mesmo tempo, tentando apresentar a maneira pela qual essa percepção me causa impacto.

> Christian, trinta anos de idade, chegou pontualmente para nosso encontro. Ele entrou dizendo que tinha vindo apenas porque seu pai insistira muito. Seu caso, afirmava, era um caso médico; tinha dores terríveis nas costas, acabara de ser operado da coluna, e estava tentando se recuperar. Portanto, não tinha nada a ver com terapia...
>
> De qualquer modo, declarou que estava pronto para responder a todas as minhas perguntas... E enrijeceu ainda mais seu corpo já tão tenso.

Consciente de sua reação, decidi ser muito cuidadosa com minhas perguntas e observações, abrindo espaço para ele trazer qualquer material de que pudesse dispor naquele momento.

> Ele desviava bastante os olhos enquanto eu lhe fazia perguntas sobre seus sintomas atuais. Depois me disse que estava sob me-

dicação: analgésicos, antidepressivos e tranqüilizantes à noite, e isso estava prejudicando sua capacidade de trabalho.

Estava muito difícil trabalhar. Não podia sentar-se porque suas costas e pernas doíam.

As suas possibilidades de relacionamento estavam bem limitadas. Não podia dirigir seu carro por causa da dor, não podia viajar, passear, ir ao cinema, visitar amigos porque tudo em que conseguia pensar tornava a dor pior. Com essa realidade, isolou-se ainda mais.

Parecia que toda a sua existência tinha-se estreitado a um grau impossível.

Quando uma pessoa apresenta queixas físicas, além de ouvir atentamente os sintomas, acho útil explorar o início da doença, o que estava acontecendo em sua vida, isto é, em que contexto seus sintomas apareceram. Procuro por sincronicidades.

Também busco focalizar o tipo de sintoma que o corpo "escolheu" e, talvez, especular em silêncio sobre o sentido e a direção da doença na vida do cliente. Em outras palavras, como ele lida com seus sintomas, que uso faz deles.

Quando começamos a explorar juntos o contexto em que os sintomas apareceram, o que estava acontecendo em sua vida pessoal, ele se levantou e começou a falar, postado atrás de sua cadeira.

Eu podia literalmente visualizar sua dificuldade! Percebi que era cedo demais para perguntas...

Ele geralmente apresentava um rosto inexpressivo, quase imóvel, exceto por algumas lágrimas que lhe vinham aos olhos, de acordo com o assunto abordado.

Percebi que ele contraía o peito e levantava o ombro esquerdo para cima e para a frente. Eu estava consciente de que,

31

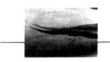

sob pressão, ele contrairia o peito e a respiração se tornaria difícil, perdendo o seu apoio.

A seguir, ele me disse que os sintomas haviam começado logo depois de ter-se mudado para seu próprio apartamento, deixando a casa de seus pais; mas sempre insistindo que aquilo era uma coincidência, uma coisa não tinha nada a ver com a outra.

Ele não estava nem um pouco satisfeito com o trabalho e me disse que as coisas também não iam bem com sua namorada, que o estava pressionando para casar e ter filhos.

Parecia que todo o seu ser estava dizendo, por meio daquela contração e da dor em seu corpo, que ele não estava feliz. Mas parecia claro que ele não estava preparado para essa visão de sua vida. Reunir toda aquela informação e dar algum *feedback* era demais para aquele momento.

Comecei a trabalhar com ele, passo a passo, mediante experimentos bem pequenos de consciência corporal. Primeiro, pedi que me descrevesse, com a maior exatidão possível, a dor que sentia nos piores momentos de crise. Negociei com ele pequenas mudanças em sua postura, prestando atenção às sensações que acompanhavam tais mudanças, e, talvez, apenas talvez, que sentimentos surgiam!

E quais eram suas sensações quando não estava sentindo dor. Foi uma tarefa difícil. Ele só tinha consciência de si mesmo quando seu corpo doía.

Seu modo de entrar em contato me levava a ter a fantasia de que eu estava diante de um visitante de um outro planeta, com uma cultura diferente e um idioma estranho. Ele, que havia-se desenvolvido tanto na área racional, condizente com sua formação em ciências exatas, tinha um repertório muito reduzido de possibilidades para lidar e se relacionar com seres humanos.

Mostrava-se perplexo, não entendendo qualquer pergunta sobre sensações ou sentimentos.

Perguntei-lhe sobre a história de seu desenvolvimento, sobre a sua adolescência: amigos, namoradas, festas, esportes...

Ele me olhou estupefato, como se eu estivesse fazendo uma pergunta absurda. Disse que sua vida era estudar e jogar xadrez nos momentos de folga. Não havia espaço para a socialização, como as outras pessoas fazem.

Perguntei: "E as garotas?".

Ele respondeu que nunca havia conseguido fazer com que ficassem ao seu lado por algum tempo. Mas aquilo não tinha importância, já que ele estava sempre ocupado pensando em alguma estratégia do xadrez; e a verdade era que ele não conseguia entender mesmo sobre o que as garotas estavam falando...

Quando ficou um pouquinho mais velho, começou a arquitetar estratégias para levar as garotas para a cama... Mas também não teve sucesso nessas tentativas...

Até que surgiu uma namorada! Nesse momento, passou a ter problemas com seus pais, que argumentavam que ele passaria por maus bocados porque ela sofria de uma doença degenerativa do sistema nervoso. Para ele, aquilo não tinha grande importância; sua única dificuldade era a vergonha de sair com ela porque era obesa, e os outros cochichavam...

Terminou esse relacionamento e começou a sair com outra garota. Admitiu que era muito crítico, e também tinha vergonha dela, por sua falta de cultura, por ela não ler, não falar corretamente e ser muito religiosa.

Ele contava pequenos fragmentos de histórias de sua vida e eu ouvia, muito atenta à sua expressão.

Parecia que ele havia chegado a um beco sem saída em sua vida. Não gostava do trabalho, tinha vergonha da namorada, tinha um relacionamento muito pobre com seus pais...

Um dia, chegou aborrecido e sentindo muita dor nas costas. Levantou-se novamente e foi falar atrás da cadeira.

A essa altura eu já sabia que essa postura significava que estávamos entrando num território muito desconfortável. Fiquei muito quieta, propiciando todo o espaço para que ele se colocasse.

Ele tinha algo a dizer sobre como era sua vida na casa de seus pais, de como se sentia só, de como eram as refeições... A única coisa que Christian conseguia descrever era um silêncio doloroso, intercalado pela fala grandiosa de seu pai, que ocupava todo o espaço disponível. Foi dessa forma que ele foi treinado a guardar seus pensamentos e sentimentos para si mesmo.

Lembrou-se de que na única ocasião em que seu pai, tentando estabelecer algum contato, foi falar sobre sua mãe. Ela havia tentado o suicídio. Ambos estavam muito tristes. Como não haviam notado algo diferente acontecendo com ela? Eles estavam sempre tão ocupados com suas próprias vidas, que não notaram as possíveis pistas... Dessa vez ele se permitiu mostrar sua tristeza e chorou ao lembrar o episódio.

Muito lentamente, dando todo o espaço possível, trabalhando absolutamente no aqui e agora, principalmente pela experimentação da consciência corporal, começamos a dar nome à sensação, focalizando a necessidade atual e liberando a energia tão presa naquele corpo, para dar sustentação à busca de contato.

Com freqüência ele perguntava se havia qualquer possibilidade de se "curar" de suas dores.

Comentei que a cura é uma questão muito controvertida, mas que ele poderia aprender a *administrar* as sensações do seu corpo, as quais poderiam lhe indicar o que é tóxico ou estimulante em cada situação.

A arte de restaurar histórias

Poderia descobrir a importância da consciência, as preciosas pistas que podem ser integradas pelas mensagens do corpo. Ele não precisava ir ao extremo de deixar seu corpo doer para então receber atenção...

Muitas vezes eu tinha de lidar com ele como a mãe de uma criança que ainda não aprendeu a falar, trabalhando num espaço não-verbal, para poder compreender suas necessidades pela empatia e por aquilo que eu via em seu corpo, em seus músculos, em sua expressão facial. O experimento constituía-se em trabalhar a partir do que via, tentando alimentá-lo com equivalentes verbais daquilo que ele estava mostrando, sempre pedindo o seu *feedback*. Ele se sentia realmente percebido e considerado quando eu fazia isso.

E começou a demonstrar alguma confiança em mim e no processo de terapia. Agora conseguia alinhavar pedaços de história, que aos poucos iam apresentando um sentido maior em sua vida...

Trabalhando com a percepção: o mapa da mina

Ao tentar descrever no que consiste, em última instância, a tecnologia do trabalho em psicoterapia, podemos dizer, de maneira simples, que o mais evidente em nossa abordagem é tentar trabalhar com a pessoa na direção de conseguir fazer mudanças na sua maneira de estruturar a sua percepção.

Ao estudarmos como um todo o mecanismo do processo de percepção, é curioso constatar que o aparato sensorial básico de todo ser humano é anatômica e fisiologicamente igual, assim como a maneira como os estímulos incidem sobre os nossos órgãos dos sentidos.

Mas a integração do percebido, a síntese formada, é singular, dependendo do contexto em que essa percepção ocorre, da história de cada um, do estado de espírito do momento. E, conseqüentemente, o comportamento, a maneira de estar no mundo vai depender desse conjunto.

Às vezes é como se aquele que nos chega estivesse sofrendo de uma profunda miopia, e, portanto, tornando-se incapaz de distanciar-se de sua vida, perdendo, por conseguinte, a possibilidade de ter uma perspectiva mais ampla, "arejando" a percepção, estabelecendo um possível sentido para o vivido.

Acho que o próprio princípio da terapia, o fato de o trabalho ser feito a dois, já fala sobre os rumos do processo. Porque o cliente precisa dos olhos do terapeuta, não por serem o "olhar certo", mas, sim, porque se constituem "num olhar diferente", e a própria condição de diversidade já possibilita "oxigenar" seus temas. O simples fato de uma outra pessoa ver o mesmo acontecimento a partir de um outro ângulo já provoca movimento. E movimento é saúde.

Se pensarmos em termos de qualidade perceptual, vamos de forma global dividir as pessoas que chegam até nossos consultórios em dois grandes conjuntos: em um, pessoas com excesso de foco na sua forma de perceber o mundo, "estreitando", dessa maneira, suas possibilidades existenciais, deixando de usufruir alternativas, de se valer da imensa riqueza de estímulos que nos cerca. Em outro, aquelas com uma tremenda dificuldade em dar qualquer foco ao percebido, perdendo-se em devaneios e, assim, deixando oportunidades de contato perderem-se pelo caminho...

Diferenciar esses dois conjuntos é muito importante.

Por isso, ao entrevistar as pessoas, estaremos dando ênfase a duas vertentes, não muito fáceis de serem exercidas: o conteúdo da fala, a queixa que a pessoa traz e, ao mesmo tempo, a estrutura de sua fala, que nos dará pistas a respeito de seu funcionamento perceptual.

A partir dessa observação podemos ter uma idéia geral de qual é o padrão de comportamento e leitura do universo dessa pessoa e, com isso, vem a direção do trabalho a ser realizado.

Os sintomas parecem ser os mesmos em todas. O que muda é o que elas fazem de seus sintomas. Qual é o sentido desses sintomas na vida dela? A que se destinam? Se não soubermos essas respostas, estaremos perdendo um tempo valioso tentando "combater" o inimigo... Levantando defesas ainda mais altas.

Afinal, defesas foram feitas para defender...

Não deixo de ser tomada de um sentimento de perplexidade ao constatar um fenômeno que as pessoas apresentam e que eu chamo de "hipótese básica", que colore sua percepção: uma frase, um refrão, um mito que define e norteia o maior medo de cada pessoa e a conseqüente evitação dele. Pode ser algo do tipo "Não nasci para ser feliz", ou "Nenhum homem presta" ou, "Meu destino é ficar sozinha", "Nada vai dar certo para mim".

Noto com surpresa que, de alguma forma, a vida, ou a percepção dela, é direcionada pela sua hipótese básica. E o que é ainda mais surpreendente, a pessoa "trabalha" com bastante eficiência na direção de tornar sua profecia concretamente real. Ou seja, ela própria cria condições para ir ao encontro do que mais teme...

E sem saber disso. Completamente alienada de si mesma e dos seus atos.

A partir desse momento, há um longo percurso a ser trilhado. O trabalho de afiar e afinar o aparelho sensorial, com um ensaio concreto de novas possibilidades e maneiras de ser e estar no mundo. Esse trabalho com a percepção, com o contato, pode ser comparado a um processo de alfabetização sensorial.

Só então poderemos entrar em áreas mais complexas da existência de cada um.

Focalizando o processo

O trabalho no Aqui e Agora tem como objetivo interromper o desgastado processo de estar preso a uma condição

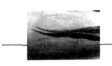

antiga e inacabada que está sempre retornando, ou, ainda, de estar num eterno ensaio do que tem de ser realizado.

A ênfase na *awareness* e no contato nos episódios de terapia, com sua *abordagem transversal*, é essencial. As pessoas tendem a se prender a experiências do passado ou a viver fantasiando possibilidades de futuro. Sonham acordadas em vez de se dedicarem a descobrir o que está imediatamente disponível, enfraquecendo sua energia para a ação.

Só se é capaz de estar e permanecer no Aqui e Agora depois de uma longa luta para "limpar" o entulho que dificulta nossa percepção daquilo que está bem em frente aos nossos sentidos.

Atitudes
Relação Terapêutica
Inclusão
Confirmação
Ouvindo em voz alta
Experimento

Abrindo a caixa de ferramentas...

Aguçando a Figura	Mobilizando o Fundo
Polarizando	Metáforas
Diálogo com o pólo oposto	Sonhos
Sublinhando o texto	Imagens
Completando frases	Fantasias dirigidas
Zoom	Histórias
Maximizando	Ritual
Minimizando	Humor
Procurando a agenda oculta	Presença
Contratransferência	

A arte de restaurar histórias

A busca da *awareness* e do contato no Aqui e Agora precisa ser completada pela busca do sentido dessa experiência no contexto de vida da pessoa, numa *perspectiva longitudinal*.

Uma vez que encontra sentido para os eventos de sua vida, fica mais fácil para ela se *apropriar* de sua experiência, tornando-se capaz de, dinamicamente, ser responsável pela construção de sua história.

Todo o processo de terapia é permeado pelas seguintes atitudes:

Antes de podermos falar sobre a tecnologia envolvida no treinamento perceptual, temos de considerar atitudes que permeiam todo o processo, indo do global ao particular.

Relação terapêutica: estar em terapia, relacionando-se com o terapeuta, constitui o maior de todos os experimentos. Eleger alguém para ouvir histórias e queixas que foram guardadas com tanto cuidado e por tanto tempo é um ato radical de escolha. O início do processo é um monólogo que se torna, com o passar do tempo, um diálogo.

Inclusão: a inclusão ocorre quando o terapeuta se volta para o cliente à sua frente de modo a estar na pele dele, sendo capaz, ao mesmo tempo, de estar em contato com seus próprios sentimentos. É a difícil capacidade de ter um foco duplo.

Confirmação: o cliente é ouvido em seus próprios termos. Podemos discordar do seu ponto de vista ou do seu modo de agir, mas honramos sua opção. É ser capaz de confirmar o outro como uma pessoa separada, deixando claro que há uma atitude de profundo respeito e reconhecimento pelo modo de ser do outro.

Ouvir em voz alta: esse é o ato de ouvir atentamente e, de vez em quando, verificar com o cliente se o que foi ouvido é consistente com o que foi dito... ou não foi dito. Resumindo: é estar totalmente presente.

Podemos escolher um dentre os vários caminhos para ajudar o cliente a fazer um contato bom e completo. Em Gestalt chamamos esses caminhos de experimentos.

O experimento

De forma geral, o que fazemos em cada sessão é abrir espaço para o trabalho perceptual em que vamos focar um tema que irá se constituir numa figura, que ressalta em contraste com um fundo. Podemos lidar apenas com uma figura de cada vez que, ficando bem nítida, recua para o fundo; surge então outra figura que, tornada nítida, recederá para o fundo, e assim por diante...

Durante o processo de terapia, numa sessão típica, começamos por abrir espaço para a chegada do cliente. É possível que ele traga um *feedback* da sessão anterior. Esta "costura" de sessões é importante para que tenhamos acesso ao modo como a pessoa conduz sua reflexão, trabalhando em espaços intermediários, editando seus principais temas. Em seguida, vem a busca ou a expressão da consciência do momento atual. Um tema começa a se definir, sugerindo um lugar para o início do trabalho.

Num contexto de diálogo, negociaremos um experimento, nascido naquele momento do relacionamento. A amplitude desse experimento variará de acordo com o momento, como está sendo vivido e a fase em que o cliente se encontra. *O experimento é qualquer coisa que aumente a consciência*, e pode ser bem pequeno, como o espelhar de um gesto, o esclarecimento de algo que foi dito, uma simples pergunta ou comentário. A decisão de usar ou não o experimento dependerá grandemente da arte do terapeuta, de sua avaliação da fase em que o cliente se encontra, e de sua sensibilidade ao ritmo da proposta e sua habilidade para negociar.

Ao falarmos sobre o experimento, nunca é demais enfatizar que estamos falando de uma atitude ou proposta conveniente ao momento vivido na terapia, proposta bem diferente dos chamados "exercícios de Gestalt", que foram tão mal utilizados e confundidos com a nossa abordagem. Os "exercícios" eram tirados de determinados livros de receita e empregados sem critério.

A intenção do experimento é sempre a de enfatizar, apontar e sublinhar o que está presente no momento. Portanto, afinando a percepção do presente, aumentando a *awareness*

Além disso, é preciso ter certeza de que a proposta está sendo *feita a serviço do cliente*, e não para preencher lacunas na sessão ou na experiência do terapeuta.

Abrindo a caixa de ferramentas...

Algumas vezes, participantes de *workshops* em Gestalt-terapia tendem a ficar "deslumbrados" com o decorrer do trabalho. Mas isso é fruto de um olhar desavisado. Existe, sim, uma tecnologia subjacente a um propósito; não se trata somente de arte que surge no momento. Existe uma intenção. Não se trata de um trabalho sem rumo.

Tendo em vista as considerações a respeito do uso do experimento, podemos recorrer ao uso de algumas ferramentas que ajudam a aguçar a percepção, criando uma condição de equilíbrio necessário para que o cliente alcance o significado de sua vivência.

Essas estratégias são empregadas para tornar nítida a relação figura-fundo, que é o que constitui o sentido. Esse sentido pode ser encontrado de duas maneiras principais.

Algumas dessas ferramentas são usadas para *realçar a figura*, enquanto outras intensificam a percepção pela *mobilização do fundo*.

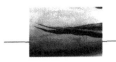

Podemos lançar mão de alguns experimentos como recursos perceptuais para tornar o tema do momento mais nítido.

Polarizando: acreditamos que em cada fala ou em cada sentimento expresso, o pólo oposto também está presente. No início do processo, é o terapeuta quem guarda e mantém a polaridade.

Se o cliente for reservado, introvertido e tiver dificuldade de se expressar, o terapeuta poderá ajudá-lo a fazer contato, mesmo que por pequenos passos sucessivos, até que a comunicação fique mais fácil.

Quando, por outro lado, o cliente é expressivo demais, espalhando-se por todos os lados, sem conseguir se conter, sentindo-se vazio e ferido por não ser capaz de colocar nada para dentro, o terapeuta irá polarizar, convidando-o a eleger o assunto mais importante, ajudando-o a focalizar sua percepção, aprofundando, assim, o tema específico.

Diálogo com o pólo oposto: usamos esse recurso quando notamos que o cliente está alienado de uma polaridade oposta. Então o convidamos a visitar ambos os pólos, iniciando um diálogo entre eles, de modo que, por identificação, ele venha a conhecer e assimilar partes do seu ser que antes estavam escondidas ou lhe eram desconhecidas.

Sublinhando o texto: com isso quero dizer ouvir o cliente em sua expressão e enfatizar a parte que causou alguma mudança de energia nele ou que ressoou em mim. Peço-lhe que repita essa parte e fique atento ao que se manifesta no comportamento verbal ou não-verbal, indicando se o tema é "quente" ou não. Por "quente" quero dizer cheio de energia investida, ou, paradoxalmente, "não-investida", exatamente por causa de sua grande importância.

Completando frases: esse é um experimento que uso para colaborar numa situação na qual o cliente está *quase* a ponto de tornar consciente algum tema. Posso sugerir, alimentar alguma frase para que seja completada rapidamente, sem pensar, respondendo ao primeiro impulso, mesmo que o cliente considere tola a situação. Peço a ele que focalize o resultado.

Zoom: quando o cliente está distraído, sem foco, sem contato com o "agora", com o presente, posso pedir-lhe que faça um *zoom*, que olhe atentamente para sua percepção, escolhendo um detalhe que possa ser analisado ou trabalhado no momento. Pode ser a cena de um sonho, um detalhe do que foi dito, um gesto que passou despercebido etc.

Maximizando: por outro lado, quando o cliente fica preso a detalhes, incapaz de ter uma visão geral e ampla, posso sugerir que mude de lugar na sala, assuma uma outra posição, concretamente olhando por um outro ponto de vista; posso também sugerir que ele vá para as extremidades, em vez de ficar preso no centro do evento... Ou, então, assuma uma posição na qual possa ter uma perspectiva totalmente diferente... Podemos até brincar de "astronauta", olhando, de uma grande distância, para o contexto de sua vida.

Minimizando: isto ocorre quando o cliente precisa "retirar" energia de um certo tema: por exemplo, no caso de uma grande perda, separação ou tristeza. Suponhamos que esse tema já tenha sido trabalhado exaustivamente em terapia e seja difícil dar espaço a novos temas. Trabalharemos, então, dando menos espaço para aquela dor, tornando o tema menos importante. É muito difícil, para o cliente, ter perspectiva, mas temos de trabalhar nessa direção.

Procurando a agenda oculta: às vezes, ao se trabalhar individualmente ou em grupo, sentimos que algo não está certo. Os clientes estão dando voltas e, de algum modo, o tema parece "falso". Se o terapeuta estiver bem afinado para ser capaz de

expressar sua sensação, sua expressão poderá ajudar a revelar um tema oculto a ser trabalhado.

Expressão do que está acontecendo com o terapeuta em seu contato com o cliente: durante a sessão, o terapeuta também é mobilizado, e aí surgem sensações, lembranças, imagens e caminhos. O terapeuta poderá considerar *conveniente ou não* compartilhar essas coisas com o cliente.

Presumimos que, às vezes, se essa mobilização emergiu durante a sessão com aquele determinado cliente, o material pertence àquele relacionamento específico. É importante observar como o cliente reage, quais são os ecos daquilo que foi ouvido. Se for um material importante, cheio de energia, um diálogo se estabelecerá; caso contrário, seguiremos por outro caminho.

Agora estaremos nos aproximando de recursos para a mobilização do fundo:

Trabalhando com Sonhos, Imagens, Fantasias dirigidas, Metáforas e Histórias: são recursos preciosos para "mobilizar" o fundo, tornando-o mais rico, mais consistente. Em geral, funcionam enriquecendo o campo perceptual que estava estreitado por questões existenciais.

Ritual: consiste em fazer alguma coisa concreta para aumentar, simbolicamente, a consciência, homenageando o que está acontecendo, permitindo que a figura fique bem clara. Podemos pensar na importância de rituais que envolvem o nascimento, o casamento e a morte, para mencionar alguns. O processo de terapia, em si mesmo, consiste em muitos rituais. Algumas pessoas fazem seus rituais meditando, indo à sua igreja, acendendo velas ou parando para concentrar-se num problema, orando. Outras criam seus próprios rituais.

Humor: ser capaz de distanciar-se do assunto do momento, transcendendo a dicotomia, sem ficar preso a nenhuma das polaridades. Ter humor é transcender a situação, livrando-se do medo, "agindo como um deus". É importante ser capaz de não levar si mesmo e a vida a sério demais, ganhando uma perspectiva diferente do contexto como um todo.

Presença: estar aberto, tanto quanto possível, ao fluxo do relacionamento, e delinear, conjuntamente, um experimento para enfatizar a figura emergente, *sendo radical, sem fazer nada*, a não ser permitir que o diálogo siga o seu curso natural ou estar consciente de que não há nada a acrescentar...

Deixar para trás qualquer tentativa de usar a técnica, porque é tempo de viver a coisa verdadeira. Compartilhando o silêncio, talvez...

Encurtando uma longa história

É importante ter em mente que, de um modo ou de outro, estamos sempre trabalhando para completar, focalizar, desfocalizar, mudar o contexto, entrar em contato e transformar a percepção intrapessoal, interpessoal e transpessoal.

Quando focalizamos, tornando a figura clara em relação ao seu fundo, ou mobilizando o fundo para que a figura mude, estamos substituindo o ponto de referência antigo e cristalizado por outro novo. Mais energizado e facilitando a busca de sentido.

Não temos o poder de mudar os fatos da vida; o ponto de partida da psicoterapia consiste na possibilidade de olhar a própria vida a partir de outro ângulo, a partir de uma perspectiva completamente diferente. Reconstruindo uma outra história.

Parece fácil, mas de nada adianta ter todo um arsenal à disposição e não ter olhos para olhar o território, sem saber ler mapas e sem ter noção dos pontos cardeais...

Sonhos, imagens e fantasias: tecendo o encontro consigo mesmo

Reza a tradição que a sogra árabe, ao entrar em contato com a jovem candidata a nora, submete-a a um pequeno ritual — fornece-lhe um enorme emaranhado de linhas e lãs. A tarefa é desembaraçar todos esses fios, *sem perder a paciência!* Só se for bem-sucedida, terá direito de ser considerada digna do jovem pretendente, e então unir-se a ele.

Remeto-me a essa história para traçar um paralelo com o trabalho com o nosso mundo interno. À primeira vista, o que temos é um desanimador emaranhado de fios, cores, texturas e materiais diversos. Trata-se, aqui, de pedir aos deuses iluminação e paciência para começar do começo. Puxar a ponta do fio que está visível e desembaraçá-lo parte por parte, separando-o e avaliando-o; depois o segundo, e assim por diante. Ao final teremos vários tipos de fios enovelados, e começaremos a combiná-los, tecendo então um tapete multicolorido e original.

Nós conseguimos focalizar apenas um setor limitado do nosso ser em cada momento determinado. A despeito de nossos esforços de autoconhecimento, apenas uma porção limitada do nosso sistema de energia pode ser incorporada à nossa consciência. Para podermos nos valer dessa energia potencial é preciso que nos tornemos *receptivos* à sua mensagem.

Os sonhos, as imagens e as fantasias são canais desenvolvidos pelo psiquismo, para favorecer o diálogo entre partes conhecidas e desconhecidas de nós mesmos, fazendo com que estas se comuniquem e trabalhem juntas. Muitas vezes esse diálogo borbulha nas superfícies dos sonhos, ou na nossa imaginação, ou, ainda, no fluir da nossa fantasia.

É importante estabelecer um diálogo entre essas dimensões do nosso ser para que não fiquemos *à mercê* de conflitos que por vezes se instalam entre elas.

Cabe salientar que o objetivo de aprender a fazer esse trabalho silencioso e interior não é somente o de resolver conflitos. Ao nos dedicarmos ao trabalho interno, podemos encontrar uma profunda fonte de renovação, conectando-nos com o rico manancial de energia alojado em nós.

Podemos até nos interrogar se o sentimento de fragmentação e de vazio de sentido, tão comuns em nosso tempo, não resulta em parte do isolamento em que mantemos a nossa vida consciente em relação ao nosso mundo interior. A sensação é a de que estamos apartados de nós mesmos.

Consciente ou inconscientemente, o mundo interno vem reclamar a sua porção, algumas vezes com a força da bruxa, que, ao ser excluída fora da festa, vem fazer a sua retaliação, estragando a celebração.

Conseguimos contatar esse mundo interno por meio dos sonhos, imagens, fantasias, meditação, prece, fantasia dirigida ou tentar ignorá-lo e abrir espaço para que ele se faça presente mediante sintomas psicossomáticos, compulsões, neuroses ou simplesmente infelicidade.

Buscamos nos entender com as figuras dos nossos sonhos, reconhecendo-as como parte de nós mesmos e com elas estabelecermos bom relacionamento.

Precisamos de empenho e companhia para percorrer esse caminho. O relato que se segue aqui é de um caminho bem pouco ortodoxo de trabalho com o mundo interior:

Uma amiga, em certa ocasião, foi fazer uma consulta a um pai de santo, famoso em Minas Gerais. Recentemente ela perdera uma pessoa da família, uma jovem que havia se suicidado. Ela já havia cuidado desse tema em sua terapia, com a qual alcançou um pouco de compreensão e alívio, mas a dor não a deixava, segundo suas palavras. Depois de um longo período de luto, que em nada a aliviou, e desesperada, foi ao terreiro. Lá foi acompanhada até uma pequena sala, onde um braseiro de incenso aceso tornava a atmosfera perfumada. Num canto, havia a figura pequena e encolhida de um Preto Velho com seu cachimbo; ao fitá-la, convidou-a com o olhar a sentar-se. Passado algum tempo, ele lhe perguntou qual a sua história e ela contou sua dor e perplexidade. Ele, então, com movimentos lentos, porém precisos, traçou à sua frente um círculo com giz. Terminado, convidou-a a entrar no círculo e firmar o pensamento na jovem que havia morrido. Com isso, minha amiga concentrou-se com toda energia e chorou profundamente durante muito tempo até ir aos poucos se aquietando. O Preto Velho lhe propôs uma negociação: pediu-lhe que deixasse essa jovem ao seu encargo, pois dela cuidaria bem, já que possuía muita experiência "do mundo dos mortos". E afirmou que ela, em si, tinha como maior tarefa cuidar de si mesma, responsabilizando-se por sua vida. Minha amiga saiu do círculo, agradeceu e se espantou

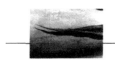

com a ausência daquela dor no peito que a acompanhara por tanto tempo... Sentiu-se curada.

Busquemos, agora, inspiração numa história vinda do mundo antigo:

Vamos passear pela Grécia Antiga. Nessa época, quando alguém se encontrava em dificuldades, o costume era recorrer a Asclépio, o deus da medicina. Seu templo situava-se em Epidauro e por isso fazia-se necessário empreender uma peregrinação. O viajante que chegava ao templo notava, sem muito entender, as palavras inscritas no arco de mármore que formava a entrada do santuário:

"Deve ser puro aquele que adentra o Templo fragrante; pureza significa não pensar senão pensamentos sagrados".

Na entrada da cidade o viajante tinha de fazer abluções purificadoras. Depois de se alojar em uma das casas de hóspedes, saía a passeio observando o caminho, os templos, as casas, as esculturas. Depois ia ao teatro, assistia a peças que libertavam as emoções, ora emocionava-se às lágrimas, ora ria muito, beneficiando-se, então, do mais antigo instrumento terapêutico — o *humor*.

Alimentava-se de comidas especiais, tomava banhos de ervas, recebia massagens. De volta à casa de hóspedes, deitava-se e seu sono era acompanhado pelo odor do incenso e pelo suave canto dos sacerdotes. Nos dias que se seguiam repetia-se o mesmo ritual. Só depois de purificado pelo mar e de fazer suas oferendas, era-lhe permitida a entrada no templo de Asclépio. No centro deste estava a estátua do deus, rodeado de serpentes. Era necessário alimentá-las com bolos de mel para distraí-las, bem como para que o viajante distraísse seu próprio medo.

A arte de restaurar histórias

À noite, o visitante era convidado a ir até o Abaton. Lá, deitava-se no catre que lhe era designado, com a recomendação de se aquietar e de não se assustar com nada que ocorresse durante a noite. Ele ouvia gritos, choro, ruídos estranhos, às vezes tinha a sensação de que um cão lhe lambia o rosto ou, ainda, podia pressentir as serpentes deslizando, próximas.

As filhas de Asclépio, Hygeia e Panacéia, aproximavam-se fazendo o seu trabalho com os óleos e as ervas medicinais. O sono chegava e a visão se mantinha num sonho.

Agora, o próprio Asclépio estava diante dele, olhando-o com ternura. O viajante lhe tocava a mão e Asclépio lhe abria a cabeça, da qual extraía algo, substituindo-o por outras coisas; depois fazia a mesma coisa com o coração. Apareciam, então, cenas de grande beleza e luz.

Na manhã seguinte, o viajante podia deixar o templo: estava curado.

Caminhando com passos leves, ao passar novamente pelo pórtico, percebia que as palavras inscritas agora faziam sentido.

Entrando no Templo de Asclépio ou puxando a ponta do fio...

Como fazer essa peregrinação nos dias de hoje?

Vamos agora falar um pouco sobre o trabalho com sonhos, imagens e fantasias no processo psicoterápico.

> O primeiro passo consiste em aceitar a tarefa de registrar os sonhos, imagens e fantasias que possam surgir. Costumo recomendar que o cliente deixe caneta e papel à mesinha de cabeceira para tê-los ao seu alcance quando despertar. Nesse momento, poderá registrar palavras referentes ao sonho e/ou índices que possam ajudá-lo na recuperação posterior de todo o sonho.

Uma vez desperto, ele deve abrir um espaço na sua agenda e na sua casa (sempre o mesmo, de preferência), para concentrar-se e escrever todo o enredo de seu sonho. Essa é uma forma de honrar o sonho, ajudá-lo a ser fixado na memória e enfocar mais intensamente suas imagens. É como se o cliente reconhecesse que não está sozinho, e conta com a ajuda de um companheiro interior, que às vezes lhe serve de guia.

Se o cliente estiver aberto e disponível para essa forma de trabalho, sugiro que, depois de transcrever o sonho, ele se permita entrar em contato com suas sensações ou sentimentos do momento.

Desejando e podendo prosseguir, outra sugestão é ficar com alguma imagem ou cena relevante do sonho e visualizá-la completamente de modo bem claro, bem delineado e prestar atenção ao que surge. A intenção dessa visualização é fechar uma Gestalt perceptual, dando espaço para que outras figuras emerjam, e acompanhar esse fluxo de imagens que vão surgindo, sem interferir nelas, mas apenas visualizando-as. As mensagens do mundo interno aparecem sob forma de imagens, sejam elas visuais, auditivas, olfativas, proprioceptivas, verbais etc. Se esta é a linguagem nesse território, fiquemos com ela, sem fazer interrupções desnecessárias mediante "traduções simultâneas".

Até esse ponto conseguimos estabelecer uma situação primordial em terapia: a mobilização. Padecemos de vazio existencial, tédio ou sentimento de estarmos atravessando um deserto quando, por algum motivo, nos cristalizamos.

Ao chegar para a sessão terapêutica, o trabalho com o sonho já foi "editado", dinamizado. Se no contexto da sessão *couber o relato do sonho*, é importante propiciar-lhe um espaço adequado com toda a focalização necessária. (Digo isso porque, como ocorre ao longo de todo o processo psicoterápico, o trabalho com os sonhos é *relacional*, isto é, emerge da relação do cliente com o terapeuta.) A arte consiste em estar atento para ter o discernimento de quando e como trabalhar o sonho, em que momento trata-se da evitação de algum tema, apenas de uma notícia, de lembrete para o terapeuta, de uma metáfora, ou, ainda, em que momento o fato pede para ser aprofundado.

Quando apropriado, pede-se que o cliente conte o sonho, devagar, com detalhes, não importando se nesse momento surgem elementos a mais ou se o sonho está sendo recriado. O terapeuta também se empenha em visualizar as cenas do sonho relatado. E isto é uma forma de, empaticamente, seguir o fluxo do cliente, percebendo as possibilidades que surgem, as interrupções visíveis, os obstáculos a serem enfrentados e as possíveis mensagens existenciais embutidas no sonho. Ao mesmo tempo (e isso não é fácil) o terapeuta deve estar atento para perceber *como* o relato é, as mudanças no tom de voz, na cadência da fala, as alterações respiratórias, o fluxo de energia, as mudanças de coloração da pele, a troca de posição na cadeira e outros numerosos indícios, passíveis de serem notados, nos fornecendo pistas sobre a mobilização interna que está ocorrendo naquele momento, localizando onde está a energia naquele conjunto de imagens.

E a intervenção terapêutica varia de acordo com a situação: uma imagem a ser mais focalizada, um ponto menos esclarecido, um enredo "frouxo", um ponto de interrupção, se o cliente relata o sonho querendo ou não fugir dele logo, ou se, ao contrário, quer ficar imerso nele, e uma enorme quantidade de outros fatores que se revelam na relação.

Note que até esse ponto não houve interferência no sonho, apenas a intenção de auxiliar no que chamo de "manutenção do campo", ou seja, dar suporte para que o cliente permaneça num estado de consciência onírico, que é distinto do nível de consciência comum de vigília.

Gosto muito, e tenho tido muitas respotas interessantes, quando vou em busca do que falta no relato... Por exemplo, um cliente, executivo, na faixa dos 50 anos, relata o seguinte sonho:

> Estou no Japão e me encontro em um templo, ou será um tipo de museu? Admiro o magnífico jardim de pedras cuidadosamente "penteadas" pelos monges e me sinto bem. Tenho diante de mim dois caminhos: um conjunto de pegadas amarelas dirigindo-se para a direita e um conjunto de pegadas brancas dirigindo-se para a esquerda. Sigo pelas pegadas amarelas e encontro uma dessas enormes lojas de departamentos americanas que vendem de tudo, principalmente muitas quinquilharias. Estou diante de um balcão que tem escovinhas e pincéis para maquiagem. Fico contente porque tenho no bolso algumas iguais que podem servir de modelo para que eu possa comprar outras. Quando vou tirá-las do bolso, elas caem no cesto das demais que estão ali expostas. Fico aflito porque agora não consigo mais distingui-las. Na minha busca, dois guardas me vêem e me levam preso por roubo. Acordo muito assustado.

Depois de passear por todas as cenas do sonho, tão rico de elementos, fico curiosa para saber até onde vão levar as pegadas brancas, aquele caminho que não foi escolhido. Sugiro que ele dê continuidade ao seu sonho por meio da imaginação ativa. Convido-o a voltar ao ponto de partida, ao templo com seu belo jardim, e a retomar a sua escolha. Ele se concentra, passa um tempo percorrendo o seu caminho, e o acompanho em silêncio. Posso notar que a sua respiração torna-se mais suave; vejo que sua fisionomia se distende. Em seguida ele me relata que *o caminho das pegadas brancas o conduziu a um recanto tranqüilo, onde se deparou com a figura de um velho sorridente que o aguardava.* A experiência o fez sentir-se íntegro e renovado, com um cálido sentimento de paz dentro de si. Assim encerramos a sessão.

A partir do momento em que saímos do espaço onírico, passamos a conversar sobre o que aconteceu. É importante lembrar que *quem sabe mais de seu sonho é o sonhador* — essa é a regra de ouro. Nessa conversa, *após o momento vivido*, vamos amplificar o sonho, a imagem ou fantasia e, pelo diálogo, contextualizá-lo na vida do cliente, na sua realidade, buscando um sentido, uma mensagem existencial.

Nesse instante, abre-se um espaço para trocas, observações, sensações, sentimentos e imagens evocadas em mim, *se for o caso*.

Garantir que a pessoa já tenha se retomado por completo é muito importante, bem como um fechamento que lhe dê suporte consciente para deixar a sessão e enfrentar o seu dia no mundo.

A questão do ritual. Algumas vezes podemos criar rituais que tornem ainda mais nítidas as imagens do sonho; podemos desenhá-las, moldá-las em argila, escrever mais sobre elas depois da sessão; imagens agradáveis podem ser concretizadas. Sentimentos ou cenas desagradáveis podem também ser ritualizados: podem ser escritos e queimados, esculpidos e queimados, enterrados etc. Tudo de acordo com a necessidade, o desejo e a criatividade de cada um.

> Beatriz, 27 anos, era uma moça muito talentosa. Tinha sucesso em tudo o que fazia. Procurou a terapia porque se sentia muito diferente das outras pessoas que conhecia, e isso lhe evocava um sentimento de solidão e dúvida sobre se alguém seria capaz de amá-la... e até se era digna de ser amada.
>
> Ela parecia ser muito segura de si mesma, arrogante e agressiva, principalmente quando fazia o pagamento das sessões ao final de cada mês. Aquele momento era uma oportunidade de atrito entre nós... ela sempre dizia que iria parar e que a terapia não estava adiantando nada.

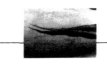

Sua postura era muito ereta e ela se dizia muito capaz de cuidar de si mesma.

Se eu acreditasse no seu comportamento, ela iria embora, convencida de que estava certa em não confiar no amor ou no interesse das pessoas por ela.

O que me chamava atenção nela eram seus olhos: embora grandes e bonitos, a maior parte do tempo expressavam medo ou, dependendo do assunto do momento, pânico.

Tentei buscar as pessoas importantes em sua vida. Como eram seus relacionamentos? Alguns poucos amigos. Não eram fantásticos. Eram legais. A família também era legal. Mas o principal alvo de sua agressividade era sua mãe.

(Isso eu podia sentir muito bem. Às vezes, tinha de ser muito firme com ela, agindo de maneira muito clara e assertiva.)

> Beatriz se queixava de que sua mãe era indiferente, que nunca a notava, por isso ela precisava ser muito seletiva em relação às coisas que lhe contava, pois tinha certeza de que nunca seria compreendida.
>
> Depois de algumas semanas, ela contou que tinha tido um sonho.

Pedi que me contasse o sonho de maneira bastante focalizada, isto é, realmente prestando atenção a cada cena ou imagem de que se lembrasse.

(No trabalho com sonhos, gosto de pedir que o cliente realmente se concentre em visualizar a cena que mais valorize. Se realmente fizer isso, a primeira imagem irá para o fundo e uma outra surgirá, e assim por diante, mesmo que nesse momento o cliente esteja criando um novo sonho.)

"Estou numa fazenda. Estou muito contente brincando com meu pai, como fazíamos quando eu era menina. Ele me segurava, ríamos muito; ele me fazia cócegas, eu saía correndo e ele corria atrás de mim, e assim por diante."

Comenta que, quando era mais nova, eles costumavam brincar muito.

(Fiquei surpresa com seu comentário, pois ela sempre dizia que seu pai era um homem muito quieto, com dificuldade de se comunicar.)

No sonho, sua mãe aparece na varanda e fazia com que os dois parassem de brincar.

"Fiquei muito chateada," disse ela. "Minha mãe nunca estava disposta a brincar e sempre que eu estava me divertindo ela estragava tudo."

Pedi-lhe que olhasse para aquela imagem com muito cuidado, focalizando o melhor que pudesse.

Ela começou a me falar de sua infância e dos momentos em que se divertia brincando com seu pai. Sua mãe estava sempre interrompendo o contato entre eles. Ela não se lembrava de quando seu pai tinha parado de brincar com ela. Talvez tenha sido por interferência de sua mãe. E começou a chorar.

Depois de algum tempo, com a intenção de ampliar seu contexto, comentei que, às vezes, os pais têm dificuldade em lidar com o crescimento de suas filhas quando estas se tornam adolescentes. Esse é um período em que as mães interferem mais, cuidando da mulher que está começando a surgir.

Sugeri então que ela desse uma boa olhada em sua mãe na varanda da frente. E ela começou a descrever sua mãe em detalhes, e disse: "Ela era tão jovem!" Então lhe perguntei: "Que idade ela parece ter?" "Ela tem mais ou menos a minha idade: 27 anos. Ela se casou muito jovem e engravidou logo depois. Deve ter sido difícil para ela. Não tinha apoio; seus pais viviam numa fazenda, em uma pequena vila longe dela."

De repente, seu rosto brilhou e ela disse: "No sonho ela tem a minha idade!" E eu sou tão incapaz de lidar com a vida hoje. Sinto-me tão incompetente... Quando estou trabalhando, está tudo bem, mas quando se trata de lidar com questões emocionais, tenho dificuldade. Agora posso avaliar as dificuldades que ela deve ter passado. Ela era tão jovem! Eu mesma não poderia ter feito melhor!

Nesse momento, Beatriz conseguiu expressar alguma ternura e compreensão por sua mãe. *E então me disse que era sempre sua mãe quem a apoiava em todos os seus projetos. Era ela quem providenciava os detalhes práticos que necessitavam de atenção. Seu pai era um homem encantador, mas um sonhador, incapaz de lidar com as coisas práticas...*

Este foi um *insight* importante que mudou completamente sua referência, reformulando sua percepção. Agora Beatriz sentia ternura pelos esforços de sua mãe em fazer a coisa certa. Percebeu com clareza como sua mãe estava sempre ao seu lado e cuidava de cada detalhe prático para que ela não fosse incomodada em seus estudos, sua dança ou em qualquer outra situação importante.

— E quando a pessoa não sonha? Não tem imagens e nem capacidade de fantasiar?

Daí, então, vamos ficar atentos à sua forma de expressão, maneira de se vestir, se movimentar, sua voz, sua fala, todo o ser se expressando. Há sempre uma "porta de entrada", um umbral que pode ser transposto.

Um cliente de aproximadamente 45 anos, trabalhando com mercado de capitais, por pouco quase me faz desistir do trabalho. Era por demais fechado, só se interessava por dinheiro e poder, lucros e perdas, vantagens obtidas ou perdidas. Tornei-me especialista no assunto, uma vez que só era possível o diálogo nessa área. Cercava todos os lados, e nada! Sentia-me desalentada; até que um belo dia ele me contou que iria viajar no fim de semana. (Era um milagre, pois se tratava de um trabalhador inveterado!) Ia pescar. Diante da minha surpresa, me contou, com orgulho, que era campeão de pesca, mas de pesca de um tipo especial. Ele só pescava em alto-mar, *peixes de águas profundas*.

Finalmente, eu tinha a metáfora de que necessitava. Pelo relato desse tipo de pescaria e de como esses peixes eram difíceis de serem encontrados, e de como era necessário dar muita linha para eles, nunca puxando de maneira abrupta, devagar fomos abrindo brechas para o aprofundamento de outros temas tão profundos quanto essas águas.

No relato do mito de Asclépio, vimos que o sonho é o produto final de longa peregrinação. Primeiro vem a manifestação da dor, depois a disposição de ir a pé até o santuário, e passar por etapas seguidas de purificação, até chegar ao recôndito mais interno de si mesmo, entrando em contato com o "Terapeuta Interior".

O que fazer quando o cliente não está aberto para o seu mundo interno?

Também aqui reside a arte do terapeuta: descobrir ou criar uma passagem. Vou buscar uma metáfora no relato do cliente, em um filme, uma novela, uma leitura, uma música, uma pintura, uma peça predileta do vestuário, uma viagem, um *hobby*, um momento de enternecimento... Busco uma brecha, converso bastante sobre o que estiver mais prontamente disponível e, aos poucos, vou "afofando a terra".

Além disso, dispomos de um recurso terapêutico valioso: a fantasia dirigida. A partir de símbolos provenientes da própria relação, constrói-se uma "viagem" ampla em que parte do enredo é sugerida pelo terapeuta, com bastante espaço e elasticidade para ser preenchida pelo roteiro do próprio cliente. É um sonho sonhado em vigília, em co-autoria. Funciona admiravelmente bem com sonhos interrompidos ou situações inacabadas.

Lembro-me de uma cliente, profissional liberal, com pouco mais de trinta anos, muito competente e objetiva. Apresentava, no entanto, uma enorme dificuldade de expressar afeto ou de sensibilizar-se com coisas menos cotidianas. Seu lado guerreiro estava bem desenvolvido, ela se dava bem no mundo, era um sucesso. Mas... sua queixa era de ter consigo uma enorme sensação de vazio e aridez. Será que valia a pena tanta correria? Ela não sabia se cuidar e se desgastava muito nos seus relacionamentos afetivos, chegando a enveredar um pouco pelo álcool e pelas drogas. Certo dia, depois de muito andar em círculos, me perguntou se era possível ter lembrança do próprio nascimento. Ao perceber alguma abertura, respondi-lhe que sim.

> Ela contou que ao nascer fora colocada sobre um pano verde, numa mesa de mármore e que tinha ficado com muito frio. Tão pequena e com tanto frio. Ela se emociona; depois de algum tempo eu a convido, a partir da mulher que ela é hoje, para chegar perto desse bebê e o acolher em seus braços, aquecendo-o e acalentando-o. Ela faz isso na sua imaginação e o choro tão duramente represado vem. Fica com essa cena por muito tempo, emocionada. Daí em diante, a partir dessa abertura, pudemos trabalhar com maior intimidade.

Costumo trabalhar com metáforas, trechos de poesias, contos de fadas, mitos e vários outros recursos. Todos eles podem ser desenvolvidos segundo a descrição do trabalho com os sonhos, por serem da mesma natureza: são símbolos. A linguagem simbólica abre caminhos, alimenta a imaginação, nos reconecta com parcelas esquecidas do nosso ser.

Voltemos à história da sogra árabe com seu monte de fios emaranhados. A jovem apaixonada, depois de algum tempo e muito esforço, foi bem-sucedida na tarefa de desemaranhar e selecionar os fios e com eles formar um grande novelo. Agora está pronta para fazer bom uso dele.

Essa história foi inspirada na história de outra jovem apaixonada, que viveu tempos atrás: Ariadne, que, para poder se unir a Teseu, acompanha-o até a entrada do temível labirinto, lhe dá um novelo e o instrui a ir desenrolando o fio à medida que se encaminha para enfrentar o Minotauro (o pai da moça exigiu que ele enfrentasse e derrotasse o monstro para poder ser digno de sua filha.) Ariadne confia na astúcia e capacidade nas artes do combate de Teseu, mas teme que ele se perca posteriormente lá dentro.

É o fio desse novelo, esse vínculo, que vai orientá-lo no caminho de volta...

E é assim também no processo psicoterápico: o vínculo é que norteia a busca...

A arte de restaurar histórias, libertando o diálogo

A partir das trocas que ocorrem durante a hora terapêutica, o cliente tem a oportunidade de verbalizar seus pensamentos, sensações e sentimentos para outra pessoa, a qual é um interlocutor atento, ou seja, que realmente está ouvindo.

A atmosfera do consultório e a presença do terapeuta com seu ouvir atento e interessado constituem um espaço experiencial e experimental no qual *o cliente começa a contar suas histórias esparsas tendo, além disso, a oportunidade de ensaiar novas possibilidades de relacionamento.*

Na segurança da intimidade, na confiança que lentamente se estabelece, essas histórias tornam-se cada vez mais abrangentes.

A aliança com o terapeuta torna possível a gradativa restauração do diálogo que, por algum motivo na história desse cliente, ficou interrompido.

Uma das principais tarefas do psicoterapeuta consiste em ir colecionando histórias esparsas, que temporariamente ficarão

sob sua custódia, até o momento em que o cliente estiver pronto para resgatá-las, colocando-as num contexto mais amplo.

O estilo, a maneira de ser, a ideologia de cada terapeuta dependerá de suas experiências, origens e interesses pessoais. Nós não temos apenas *clientes singulares*; somos também *terapeutas singulares*.

Ao longo do processo psicoterápico, além de ouvir histórias — fazendo o contraponto, se constituindo num Outro — quando se faz necessário, o terapeuta também é um narrador de histórias, sempre visando ao diálogo com seu cliente: ele poderá fazer uso de metáforas, lendas, contos de fada, histórias pessoais, histórias infantis e mitos como estratégia de comunicação com camadas mais inacessíveis do cliente.

A história relatada pelo terapeuta serve como um modelo, uma ilustração ou um reforço de determinada percepção. Outras vezes, serve de reflexo ou de acompanhamento para uma história mais dolorosa contada pelo cliente.

O terapeuta conta histórias usando uma linguagem peculiar, suficientemente ampla para que não seja absorvida pelo cliente de modo ameaçador. Temos, assim, um meio de comunicar idéias num envoltório suave que não levanta defesas. As histórias são ouvidas de acordo com a possibilidade do cliente no momento, deixando um amplo espaço para que ambos possam movimentar-se conforme a necessidade. Ou seja, a troca de histórias amplia a possibilidade de um entendimento mais arejado daquilo que está se passando.

Olhando o processo terapêutico em perspectiva

Ao olhar para o processo psicoterapêutico como um todo, em perspectiva, podemos descrevê-lo e dividi-lo em etapas.

Essas etapas misturam-se e, freqüentemente, superpõem-se. É um processo dialético. Prosseguimos e retrocedemos, revisitando os antigos estágios sempre que eles necessitam de atenção.

O processo como um todo ocorre como se percorrêssemos uma espiral cada vez mais ampla. Com freqüência podemos retornar ao ponto inicial, embora cada vez seja mais fácil não ficarmos presos em pontos dolorosos e fluirmos de acordo com o que o momento presente nos oferece.

A extensão do processo terapêutico difere de pessoa para pessoa. Algumas têm como objetivo fazer acompanhadas alguma passagem mais difícil. Feito isso, interrompem o processo. Outras trabalham por etapas, interrompendo o processo e voltando a ele mais tarde. Outras, ainda, são capazes de investir mais longamente, chegando até o ponto em que, em comum acordo com o terapeuta, chegam à conclusão de que o trabalho já cumpriu seu tempo, e é hora de parar.

No trabalho terapêutico podemos considerar as seguintes etapas:

- Hospedar o cliente
- Libertar a expressão
- Restaurar o diálogo
- Reconstruir a história pessoal
- Buscar a história humana, passando pelo território do sagrado

Hospedando o cliente

Quando o cliente nos procura pedindo ajuda psicoterápica, em geral a única coisa claramente definida é o seu desejo de livrar-se do incômodo que o faz sentir dor. Essa dor, que pulsa continuamente, não faz sentido, seus processos são obscuros, a

 A arte de restaurar histórias

consciência está diminuída e o acesso a seus recursos internos está prejudicado.

Em linhas gerais, podemos considerar, *grosso modo*, dois grandes grupos de pessoas: algumas tendem a "apartar-se de si mesmas", *presas no seu interior*, com dificuldade de fazer intercâmbios criativos com o mundo. Outras tendem também a "apartar-se de si mesmas", a se *trancar do lado de fora*, permanecendo exaustivamente em contato com o mundo exterior, espalhando-se por todos os lados. Em ambos os casos, essa impossibilidade provoca insatisfação e ansiedade.

Vivemos em conexão com o mundo. Constituímos um sistema orgânico de trocas. Quando o eixo eu-mundo está emperrado, impossibilita o fluxo de informações do mundo para dentro e vice-versa. O caminho que leva a nossas próprias potencialidades está bloqueado...

A chegada do cliente e sua queixa inicial apenas constituem uma abertura, uma primeira porta que se entreabre para revelar o seu ser. Este é um lugar onde o cliente encontra apoio e arrisca-se a mostrar a sua dor a alguém.

Libertando a expressão

O ponto de partida na busca de restauração do diálogo é contribuir para libertar a expressão, qualquer expressão, por mais obscura e truncada que seja.

O diálogo começa de um modo unilateral. Com uma atitude dialógica, o terapeuta abre espaço para o cliente. O terapeuta recebe, provoca, espera que a expressão comece.

Freqüentemente, encontramos duas atitudes possíveis: em seu isolamento, o cliente acostumou-se a contar histórias para si mesmo. Ele é capaz de liberar as partes mais disponíveis, geralmente fragmentos, memorizadas pela contínua repetição interior.

Às vezes, os que chegam ao consultório começam a contar sua história de uma forma tão automática que parecem ter dentro de si um disco arranhado, preso nos mesmos velhos sons.

Ou, ainda, quando têm dificuldade em se voltar para o seu interior, experienciando uma eterna sensação de vazio, permanecendo exaustivamente em contato com o mundo, mas sem qualquer acesso a si mesmo, percebemos que espalham fragmentos de histórias por todo lado, sem parar para vê-los fertilizados.

É função do terapeuta, juntamente com o cliente, ajudar a trazer uma figura emergente, clara e bem definida, para que, uma vez formada a Gestalt, essa figura possa recuar para o fundo, permitindo que uma nova figura possa emergir, fazendo a percepção fluir dinamicamente.

Esse trabalho tem como objetivo ajudar o cliente a discriminar uma hierarquia de suas necessidades. No momento em que suas necessidades são claramente especificadas, a energia para a ação é liberada e, assim, ele pode buscar, no mundo, a ação de que precisa.

Uma vez que tivermos estabelecido um vínculo de confiança, ajudando o cliente a tornar-se mais expressivo, podemos considerar o uso de certas estratégias para intensificar o contato no aqui e agora.

> Joana, 25 anos, já estava em terapia há algum tempo. Até aquele momento, havia sido bastante evasiva. Quanto mais eu tentava ter uma imagem clara sobre ela, ou quanto mais tentava dar mais foco a suas histórias, mais ela adotava uma atitude *blasée*, distante em relação a si mesma e a tudo mais que se referia a ela. Não tinha nada de importante a dizer [...] quanto mais para ser trabalhado [...]

Esta sua atitude me deu muito trabalho, já que eu tendia a complementar a energia que ela tirava de sua fala, e me frustrava quando não conseguíamos entrar em pleno contato com qualquer que fosse o assunto principal naquele momento.

Sempre que ela se energizava em relação a alguma questão, rapidamente retornávamos ao ponto de partida. A única coisa que ela conseguia afirmar claramente era a sensação de não fazer parte de sua família, e também de grupo nenhum, e se sentia muito diferente, infeliz com isso. Mesmo essa queixa era feita numa atitude distante, como se não se tratasse dela!

Portanto, tínhamos algo muito claro em que trabalhar: o modo como ela evitava estar totalmente presente e em contato satisfatório com questões que lhe eram importantes. E, como conseqüência, trabalhar contra o que mais desejava. Era ela quem se escondia de tudo. E, ao mesmo tempo, sentia-se muito infeliz com a sensação de não ser percebida. Então começamos a fazer pequenos experimentos, focalizando o momento em que ela detectava a necessidade de retirar a energia que deveria ser investida no contexto. Procurávamos lidar com seu padrão de comportamento. Ela, então, percebeu que retrocedia à menor possibilidade de se magoar.

"Eu não ligo. Não tem importância..."

E assim aprendeu a cuidar de si mesma desde quando se entendeu por gente. Começamos a trabalhar, então, com esse tipo de reação, e ela percebeu que continuava se defendendo mesmo quando não havia qualquer ameaça presente.

Abrindo-lhe a porta, algumas sessões depois...

O início foi um comentário meu, indicando que eu tinha notado que ela estava usando batom.

Ela respondeu que sabia que eu iria notar. E que daquela vez não se sentia envergonhada de estar se apresentando diferente.

Ela ficava muito envergonhada de si mesma quando chamava atenção, quando as pessoas notavam sua presença. Ali se sentia muito *exposta*, sensação muito diferente daquela de querer ser *vista*.

E novamente falou sobre sua irmã incomparavelmente bonita. Em seguida, contou numerosas histórias sobre essa irmã, sobre quão popular ela era, todos os namorados que tinha, cada um deles a própria imagem do Príncipe Encantado!

Ela se considerava simplesmente "a outra", rejeitando todas as tentativas de sua irmã para "instruí-la" na arte de ser feminina...

Descreveu, então, o ódio que sentia quando ambas eram crianças e sua avó fazia vestidos com o mesmo estilo para as duas. O vestido parecia fantástico em sua irmã, enquanto ela se sentia a própria imagem do desajeitamento.

Não, ela não podia nem ao menos ouvir uma sugestão. Era diferente. Construiu sua imagem: era a inteligente, a engraçada, liberando sua agressividade por meio da ironia.

Assim, desistiu de tentar melhorar sua aparência; não usava nenhuma maquiagem, e vestia-se com o que eu poderia chamar de camuflagem, para se misturar ao ambiente. Vestia-se de modo a esconder seu corpo. E, especialmente, ficava muito quieta e calada, observando tudo. Claro, era muito crítica. De tudo.

A seguir me contou sobre sua adolescência, de como havia sido difícil, e a solução que havia encontrado para sua vida: viajava para longe sempre que tinha oportunidade, e sempre sozinha. Gostava de se sentir anônima, sem ter ninguém com quem pudesse ser comparada. Ela poderia ser como realmente era, passando seu tempo em pequenas vilas, relacionando-se com

famílias que tiravam seu sustento da pesca. Essas pessoas realmente apreciavam a sua presença e eram um novo espelho para ela.

Aquele foi o primeiro lugar, durante toda sua vida, onde se sentiu bonita, com seus cabelos compridos e encaracolados e seus vestidos simples. E também era a primeira vez em que se sentia adequada e apreciada.

Fiquei comovida e contente por ela estar conseguindo alterar seu ponto de vista, dando-se, finalmente, algum crédito. E, principalmente, percebia que eu estava realmente interessada nela. Todas as sessões anteriores pareciam um jogo de esconde-esconde. E ela era boa nisso. Agora, estava podendo se atrever a perceber de outra maneira.

A descoberta de que existem outros lugares onde poderia ser vista do outro modo fez toda a diferença. Em família, é comum ocorrer a cristalização de determinadas percepções a respeito de alguém, que acaba sempre "carregando" um determinado papel.

> E então, começou a me falar de seu marido e ficou surpresa ao se emocionar e se aperceber de como ele era importante em sua vida, de como tinha sorte por tê-lo a seu lado. Até aquele momento, sempre que falava sobre ele era com uma voz monótona, como se essa relação fosse apenas "normal".
>
> Mas, naquele momento, descreveu-o como a estrela brilhante em sua vida; agora ela conseguia perceber que também tinha seu Príncipe Encantado.
>
> Desse ponto em diante, começou a valorizar suas próprias realizações e apreciar a si mesma. Sua irmã já não era o principal ponto de referência.

Eu percebia que, finalmente, surgia para ela a possibilidade de olhar para sua história a partir de uma perspectiva diferente e a reinvestir a energia, antes usada para se defender, em ação.

Nesse momento, ela começou a suspeitar de que havia algo estranho no modo como seus pais viviam e haviam criado seus filhos...

A sensação de ser o Patinho Feio, de ser inadequada, não era, afinal de contas, responsabilidade só dela. Havia um entrave no contexto familiar que não auxiliava em nada a formação de uma identidade clara e saudável. Mas foram necessários muitos anos e muito sofrimento para descobrir isso...

O fato de ficar consciente de como era a estrutura de seu modo de ser no mundo, de como usava suas defesas, deixando escapar energia e não investindo em si mesma, levou a uma mudança de atitude. Ao se familiarizar com suas defesas, "fazendo as pazes com elas", houve liberação de energia, que podia então ser usada de forma construtiva.

O que começou com uma "simples observação" sobre o batom, deixando claro que eu estava muito atenta a qualquer pequena mudança, tornou-se uma abertura para um *insight* e para uma mudança de perspectiva.

Considerações gerais a respeito do processo

Às vezes, durante a sessão, podemos interromper a fala do cliente porque algo em sua voz, atitude, postura corporal, nos seus gestos, ou no modo geral de expressão chamou nossa atenção; talvez porque alguma coisa não estava de acordo com a fala. Nesse caso podemos perguntar o que está acontecendo naquele exato momento. A princípio, a reação pode ser um olhar perplexo, mesclado a uma total incapacidade de responder à pergunta.

Lentamente, o cliente pode aprender a focalizar e começar a reconhecer reações das quais não tinha consciência.

 A arte de restaurar histórias

Somos treinados a falar sobre, rodeando, deixando "esfriar", esquecendo-nos de contar uma história completa, em que a fala e a emoção caminham juntas. Então trabalhamos em primeiro lugar a "aprendizagem do alfabeto da consciência", para depois buscar um sentido para a crise pela qual estamos passando.

> O sentido aparece quando há uma imagem clara em acentuado contraste com um contexto rico e cheio de potencialidades.

O acesso ao sentido pode se dar tanto trabalhando com a imagem mais emergente, aguçando a percepção, quanto pelo enriquecimento do contexto. A decisão sobre qual caminho deve ser escolhido depende da arte do terapeuta, juntamente com a avaliação das necessidades do cliente.

Estar em contato, sabendo quando retroceder, exige fé no processo e confiança no fato de que o cliente tomará o melhor caminho para si mesmo.

Restaurando o diálogo

Uma vez que o cliente se expresse mais livremente, ele começa a assumir seu lugar no diálogo. A princípio, o diálogo é unilateral. Quando a fase do companheirismo instala-se, inicia-se um relacionamento de maior mutualidade.

No início do processo, o terapeuta às vezes se coloca ao lado do cliente, pois este está ferido e ainda não é capaz de lidar com as exigências do mundo. O principal acesso é a experiência que ele traz. Confirmar seu relato e ouvir atentamente ajuda a estabelecer um relacionamento baseado na confiança.

Há momentos em que trabalhamos com a estrutura perceptual do cliente, tentando aumentar e refinar seu potencial de contato consigo mesmo e com outras pessoas significativas em sua vida.

Estamos atentos à possibilidade de aumentar sua capacidade de se envolver num diálogo. Aos poucos, começamos a trabalhar com as interrupções desse processo.

Cremos que a dificuldade de expressão e da comunicação, a disfunção perceptual, surgiram a partir de algum momento de sua vida. Um diálogo foi interrompido, um grito ficou solto no ar e não foi ouvido pela pessoa a quem se destinava...

A conseqüência de não ser ouvido numa fase tão sensível e precoce é a instalação de uma descrença na possibilidade de ter um parceiro interessado; a pessoa não é capaz nem de ser uma boa parceira de si mesma.

A atitude é de quem não tem nada a dizer... Ou de que não há ninguém interessado em ouvir...

Conheci Sarah, 23 anos de idade, numa aula na universidade onde eu dava um curso sobre psicoterapia de grupo. Parte do semestre, trabalhamos de um modo experiencial, após o qual viria o curso teórico.

Sarah rapidamente concordou com a proposta e até ajudou seus colegas a considerar a importância dessa oportunidade. Ela sempre chegava cedo para a aula e era extremamente atenta a tudo o que acontecia no grupo, especialmente às minhas intervenções. Mas... não dizia uma palavra! Ela chegava a ficar com lágrimas nos olhos quando um tema importante e tocante surgia no grupo. Podia-se ver que ela estava presente, emocionada, mas silenciosa.

Todos os meus esforços para tentar ajudá-la a expressar o que estava acontecendo foram inúteis. Ela era desafiada por seus colegas, mas não adiantava.

Eu lhe falei do quanto apreciava a sua presença e disse que gostaria de ter uma compreensão melhor de seu silêncio. Ela me disse que não poderia dizer nada, já que ela mesma não sabia o que estava acontecendo...

Sete anos depois, recebi seu telefonema em meu consultório, pedindo uma entrevista.

Fiquei curiosa! Ela chegou cedo no dia da nossa consulta. Começamos a entrevista e eu lhe perguntei por que ela havia me escolhido para a terapia.

Sarah respondeu que isso era simplesmente normal, já que *ela vinha conversando comigo durante os últimos sete anos!*

Eu quis saber com que imagem de mim ela se relacionava. Ela respondeu que sua escolha baseava-se na experiência que havia tido comigo, o modo respeitoso com que a tratava, nunca a invadindo.

Eu sabia que aquele seria um trabalho delicado. Ela já havia dado o seu aviso!

> Então começamos a trabalhar, ou continuamos a trabalhar, creio. A essa altura eu já tinha uma idéia clara de sua família, seus amigos; sabia que estava apaixonada por seu namorado. Sabia sobre seu trabalho, que era muito inferior às suas capacidades. E ela também sabia disso, mas afirmou que aceitaria qualquer trabalho, menos em psicologia. Não estava preparada para isso.

E eu não tinha mais nenhuma idéia de quais eram seus pensamentos. Ela passou muito tempo falando das situações do dia-a-dia, circulando ao redor de pequenos eventos sociais, superficialmente.

(Estar em contato, sabendo quando retroceder, mudando o tempo todo, exige fé no processo e confiança no fato de que o cliente tomará o melhor caminho para si mesmo.)

Várias vezes tentei questionar sua atitude na terapia, sem sucesso. Dizia a mim mesma: "Se ela continua a vir, sem nunca faltar a uma sessão, deve haver um propósito que ainda não consegui perceber".

Então chegou o dia em que seu namorado a pediu em casamento. Eles se davam muito bem, sem conflitos. Mas casar era algo diferente. Ela estava muito assustada com essa perspectiva. Estranhamente, a ansiedade não se relacionava a nenhum aspecto do seu relacionamento. Ela estava certa de seus sentimentos por ele e vice-versa. O problema era a mudança. Sarah tinha verdadeira fobia de qualquer pequena mudança, especialmente de se afastar da casa de seus pais.

Fui muito honesta a respeito da minha sensação de andar no escuro a maior parte do tempo; da minha sensação de que havia algo não-dito. Disse-lhe também que poderia esperar, como vinha demonstrando durante todo aquele tempo em que tínhamos estado juntas.

Dei-lhe todo o espaço de que precisava para expressar o que conseguisse expressar, simplesmente seguindo o fluxo das suas possibilidades.

Certo dia ela chegou diferente. Havia chorado muito. Seu noivo havia-lhe dado um prazo para escolher a data do casamento, ou então ele desistiria do relacionamento.

Muito triste, ela começou a me contar algo que talvez tivesse influenciado sua atitude fóbica em relação a várias situações.

Lembrou-se de uma situação ocorrida anos antes, quando tinha catorze anos. Ela estudava na casa de uma amiga, à tarde, quando a casa foi invadida por assaltantes armados, que ameaçaram todos de morte e a levaram com eles, violentando-a.

Sarah chorou muito, dizendo que tinha vergonha de me contar aquilo. Mas o horror e o nojo que havia sentido na ocasião estavam presentes naquele exato momento.

Os pais de sua amiga telefonaram à sua família para contar o que acontecera. Os adultos conversaram muito, por um longo tempo, e decidiram que todos deveriam esquecer o ocorrido e se comportar como se nada houvesse acontecido. Foi um pacto

 A arte de restaurar histórias

de silêncio, pelo qual fingiam que aquela dolorosa situação nunca havia ocorrido.

Com muita dor e raiva, repassamos aquele acontecimento muitas e muitas vezes, em todos os detalhes, até que o tema se esgotou. Estava claro que ela necessitava expressar todo aquele sentimento que mantivera enterrado por tanto tempo.

Quando o diálogo é restaurado, a interação é permeada por um sincero interesse no Encontro. O terapeuta, agora, constitui-se o Outro. Ele tem sua própria existência e o cliente é capaz de viver sua diferença; e é exatamente a partir dessa diferença que o terapeuta é capaz de enriquecer o mundo do cliente, podendo compartilhar uma perspectiva diferente, um ponto de vista diverso.

Reconstruindo a história pessoal

É interessante observar que não foram nossas experiências que mudaram; boas ou más elas continuam sendo as mesmas de antes. Os acontecimentos e traumas da vida, gostemos ou não, constituem um patrimônio pessoal.

O que podemos modificar radicalmente *é o modo como olhamos* para essas experiências, que podem, até, ser consideradas como um ponto de partida de um talento especial.

> Virgínia telefonou pedindo uma entrevista comigo para o mês seguinte, mais ou menos para dali 40 dias. Ela seria operada nos próximos dias e queria ter certeza de que eu teria horário para ela quando estivesse totalmente recuperada.

Fiquei surpresa porque, com exceção de *workshops* e cursos, nunca um cliente em busca de terapia individual havia marcado uma entrevista com tanta antecedência.

Eu estava curiosa a seu respeito. Então ela chegou. Era alta e magra e tinha um sorriso muito agradável; era uma pessoa muito doce e delicada. Estava com 42 anos de idade, era solteira, e acabara de se submeter a uma cirurgia para a retirada do útero.

Dizia estar buscando a terapia por causa de dúvidas profissionais e vocacionais!

Depois de algumas perguntas, disse-me que certa vez tinha tido uma "crise"; não conseguia explicar ou descrever o que era, mas que foi muito dolorosa e que a deixou mal durante algum tempo, a ponto de nem sair de casa, de tanto pânico. Mas não sabia dizer mais nada além disso.

Percebi que ela precisava de mais tempo e aquecimento para seguir por esse caminho, por isso continuamos a trabalhar em questões mais acessíveis, como ser mais assertiva ou até agressiva quando isso fosse necessário.

Experimentamos muitas coisas em relação ao nosso contato, criando algumas experiências para facilitar o fluxo de intercâmbio entre nós e para tratar de algumas questões que ela precisava confrontar ao lidar com grupos, porque chegava muito magoada cada vez que havia uma reunião, apresentação ou aula. Lentamente ela aprendeu a lidar com isso, tornando-se capaz de permanecer calma, utilizando-se de seus próprios recursos. Ela ficava muito entusiasmada com seu progresso. Cada vez que conseguia lidar com uma situação difícil, chegava com um grande sorriso e olhos vivos e brilhantes.

Depois de algum tempo, sentindo que estava com mais suporte para olhar mais detalhes de sua história, convidei-a, numa certa sessão, a fazer um experimento, a visitar o que ela chamava de "sua crise".

De início fazendo um relaxamento, respirando profundamente, deixando para trás as questões cotidianas, voltamos no tempo, por meio de uma fantasia dirigida. Ela manteve os olhos fechados e, depois de algum tempo, começou a descrever toda a angústia que sentiu certa vez quando achou que estava enlouquecendo, com absoluta perda de controle, sentindo pânico diante da perspectiva de qualquer pequena tarefa. Aquela "loucura" não fazia sentido e ela se sentia completamente incapaz de lidar com aquilo.

Insisti para que se concentrasse em sua fantasia, garantindo-lhe que eu estaria perto sempre que precisasse.

Perguntei-lhe para o que ela estava olhando, o que via, naquele exato instante.

Ela começou a me dizer que estava entrando numa caverna. Estava começando a sentir pânico; seu coração batia muito rápido, do mesmo jeito que naquela época. Tudo a assustava, e ela não tinha qualquer controle sobre sua vida.

Mais uma vez disse-lhe que estava tudo bem, que eu a seguiria bem de perto enquanto entrava na caverna, e que ela poderia sair no momento em que quisesse ou precisasse.

Continuei conversando com ela, usando minha voz para lhe assegurar de minha presença. E com alguma ajuda ela enfrentou a dor de visualizar cenas da doença terminal e da morte de sua mãe.

E finalmente ela teve espaço para chorar e libertar a criança impotente e abandonada que havia dentro de si.

Foi uma sessão muito intensa. Ela estabeleceu uma ligação entre amar alguém e ser magoada por esse amor, já que as pessoas iam embora ou morriam.

Em seguida ela me disse que ter enfrentado aquela situação dolorosa junto comigo tinha-lhe dado confiança para explorar o que havia sido evitado.

(Ela, então, me contou que a doença de sua mãe havia ocorrido quando ela estava no exterior, fazendo um curso em sua área. Naquela época, havia-se apaixonado por um colega e se sentia uma mulher plena pela primeira vez na vida. Precisou deixar tudo para trás e voltar para casa por causa do estado de sua mãe, que morreu pouco depois. A culpa foi o combustível que detonou a sua crise. Foi como se ela se tivesse feito em pedaços; sentia-se desintegrada. Daquele tempo em diante passou a relutar muito em sair da cidade, imaginando todos os tipos de desgraças que poderiam acontecer aos seus queridos.)

Foi pela recuperação dessas imagens obtidas a partir da proposta da fantasia dirigida que ela conseguiu completar um quadro claro de sua "crise". Reconstruindo sua história.

Durante o processo terapêutico há um contínuo passeio por essas histórias, dessa vez na companhia do terapeuta. Comportamentos que começaram como um *ajustamento criativo* tornaram-se agora uma *defesa anacrônica* — fora do tempo e do espaço — que a pessoa precisa avaliar se está pronta ou não a descartar.

Terapeuta e cliente, parceiros, começam a tecer juntos, refazendo uma história a partir dos fios que foram levados para a terapia. Dessa tecelagem surge uma trama que contém histórias dispersas, reorganizadas de um modo diferente. Dessa tecelagem conjunta resulta uma nova e rica tapeçaria, que pode ser apreciada de diferentes perspectivas.

Pela consciência e pelo contato, o cliente agora é capaz de conduzir a si mesmo, identificando suas necessidades e sabendo como e onde buscar suas soluções (*quando isto é possível!*), e aceitando o fato de que algumas situações não têm solução.

O terapeuta começa a ter uma posição diferente no relacionamento, tornando-se agora um *parceiro de vida muito especial*. Cada um é testemunha da existência do outro, e o relacionamento é caracterizado pela mutualidade.

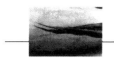

O cliente agora é capaz de contar sua história de um modo rico e complexo, preenchendo cada parte com a emoção correspondente, demonstrando, assim, capacidade de integrar o que antes era solto e sem sentido.

Encarar o novo já não é fonte de medo e desconfiança, mas considerado uma oportunidade para exercer a criatividade. Mais do que tudo, o cliente sente-se responsável pela co-autoria de seu próprio destino...

Em busca de uma história humana, passando pelo território do sagrado

Reconstruída a nossa história pessoal, começamos a olhar ao redor e a perceber que alguns temas tão guardados, tão bem escondidos, pertencem à *dimensão do humano*, não sendo somente uma questão individual. E, portanto, temos muito em comum com outras pessoas.

O trabalho em psicoterapia nos leva a muitos lugares. Navegados e "nunca dantes navegados". Ficamos perplexos, espantados, muitas vezes agradecidos, porque existem situações em que nada do que pensamos ajuda aquele que nos pede auxílio. Precisamos aprender a dar espaço para que algum imponderável vindo de nossa relação ou de algum vínculo importante possa surgir. Vejam só o que vou contar:

> Marina, 45 anos, solteira, sem nenhum relacionamento importante, encontrava-se estagnada, não havendo nada que a mobilizasse, provocasse interesse, destrancando sua energia. Tentamos de tudo em nosso trabalho em conjunto. Para mim, parecia que ela só usava lentes negras para olhar o mundo. De todas as possibilidades que a vida oferecia, ela sempre selecionava o escuro, aquilo que não dava certo, o que não tinha remédio...

A arte de restaurar histórias

Estávamos enredadas nesse processo de que nada tem jeito, não havia saída para ela, quando ouço um pequeno ruído diferente, que me chamou a atenção. Era um pequeno pássaro que estava bicando a janela fechada! E ele bicava, bicava. Como se estivesse pedindo para entrar... Fiquei fascinada com essa visita. E ela foi ficando furiosa porque eu não estava prestando atenção nela, mas só no pequeno pássaro! Ao que eu respondi que eu podia vê-la todos as semanas, mas a visita de um pássaro daquela maneira, eu nunca havia recebido.

> E então ela descarregou a sua raiva com toda a energia, esbravejando contra mim. E eu, aproveitando, transformei aquilo num experimento, permitindo que ela descarregasse sua energia represada... Essencial, porque uma pessoa deprimida é capaz de engarrafar uma tremenda energia contida. Achar o saca-rolhas é o problema...

Aos poucos fomos retomando seus temas, mas de forma muito diferente. Ela agora estava presente, inteira, sem desvios nem choramingos. Podíamos então seguir o caminho necessário. E aquela experiência ficou como um símbolo entre nós, ao qual voltamos muitas vezes.

O Imponderável, o Destino, a Sorte, Deus, a Graça, a Auto-regulação Organísmica, o Inconsciente, qualquer que seja o nome que possamos dar, às vezes se manifestam para *ajudar!*

> Sandra estava em uma fase de vida em que se sentia numa paradeira total. Parecia um veleiro durante a calmaria. Nem um ventinho! Numa manhã, foi ao seu trabalho e, chegando lá, ouviu um coral cantando.
>
> Sentiu imediatamente o impacto da música, ficou muito comovida e decidiu impulsivamente (o que não era do seu feitio...) que teria de fazer parte daquele coral. De qualquer maneira.

 A arte de restaurar histórias

Ela estava com 38 anos de idade, nunca havia cantado, e se acreditava totalmente incapaz de fazê-lo. Mesmo assim, entrou na sala e falou com o maestro. Ele lhe disse que teria de fazer um teste para ouvir o tom da sua voz.

Feito isso ela soltou sua voz. E era uma voz linda, forte e poderosa. Ela era *mezzo soprano*, um timbre bastante raro.

E naquele exato momento não pôde evitar que as lágrimas corressem soltas quando se apercebeu de que tinha o mesmo timbre de voz de sua avó tão querida, que a havia criado. A avó, nascida na Europa, fora uma talentosa cantora de ópera antes de imigrar para o Brasil!

Tão perto e tão longe! A sua vida se transformou a partir do canto, abrindo-se todo um caminho novo a ser conquistado.

Ela possuía um dom, que ficou enterrado por tanto tempo! Cantar passou a ser uma experiência muito prazerosa, destrancando tanta energia.

É incrível como temos a capacidade de literalmente morrer de sede com uma imensidão de água em volta.

Considerações finais

A vida, complexa como é, nos confronta com desafios paradoxais.

Desde o momento em que nascemos, nossa tarefa é trilhar o caminho da individuação. Esse é um longo caminho, o caminho do desenvolvimento de um modo de ser no mundo que seja só nosso.

Quando o processo de individuação está bem avançado, alcançamos um ponto no qual nos identificamos com uma história humana, conscientes de tudo o que temos *em comum* como seres humanos e parte da natureza.

É necessário estarmos conscientes de uma Gestalt cada vez maior, alcançando e pensando em termos de uma consciência global.

Quando agimos e sentimos globalmente, um evento que ocorre do outro lado do mundo tem efeito sobre nós. A fome do outro é a nossa fome. A tristeza do outro é a nossa tristeza. A tragédia do outro é a nossa tragédia.

Somos um.

O que estamos buscando, nesse ponto, é uma perspectiva ainda maior rumo ao sentido existencial dos fatos, substituindo o plano individual pelo plano humano.

Nesse estágio, ao olharmos à nossa volta, perceberemos que não estamos sós nessa busca. Estamos entrando no território do sagrado, onde há mais perguntas do que respostas, mais mistérios do que clareza.

Estaremos prontos a enfrentar e ficar com perguntas sem respostas, apenas contemplando com reverência, respeitando os mistérios que se apresentam?

Parte II

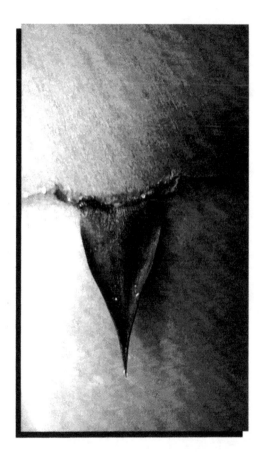

Navegando, com olhos da memória, vejo personagens que fazem parte do que sou hoje. Fronteiras se estendem e, transparentes, revelam detalhes do interior.

A Mestra Artesã

Imagens coloridas, cambiantes, como aquelas de um caleidoscópio insistem em aparecer. Focalizando, aparecem sob a forma de colchas de retalhos. Colchas de retalhos? O que elas têm a ver com a proposta de pensar a respeito de ser terapeuta?... Elas aparecem, coloridas, significativas... Ei-las, cheias de energia e de conteúdo... Trazem em cada pontinho tantas histórias... Fico pensando no tempo necessário para a sua confecção, em quantas horas passaram pelos olhos e pelas mãos de pessoas dedicadas e atentas...

O tempo me ensinou a não estranhar, a dar espaço para as imagens que surgem e a me aquietar diante delas; essas imagens provocam desdobramentos — ainda que não se tenha idéia de onde isso vai dar... Ficando bem atenta, concentrada e focalizando, começam a emergir, como num filme, cenas da minha infância e adolescência. Pessoas que tiveram importância na minha formação aos poucos se apresentam...

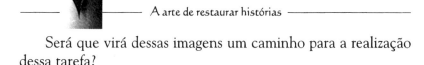

Será que virá dessas imagens um caminho para a realização dessa tarefa?

Começam a surgir figuras femininas que permearam minha vida, e me chamavam a atenção pelo seu heroísmo silencioso, em que suas armas eram a capacidade de transformar pedaços de lã, linha e tecido em obras de arte. Esse trabalho era uma forma de arte sutil, nascida na intimidade; e que muitas e muitas vezes substituíam desejos, palavras, protestos, paixões e reivindicações, criando beleza. Era preciso chegar devagarinho e bem perto para entender e captar o que se passava. Elas expressavam a sua fé na vida e o seu amor, adornando as suas casas com pedaços de arte feitos por próprias mãos.

Muitas vezes passei férias numa pequena cidade do interior de Minas Gerais. Sabe aquelas onde o tempo tem uma dimensão muito diferente e são rodeadas de morros verdes e ondulados, constantemente desafiando o visitante a definir quantos tons de verde consegue distinguir? E tive o privilégio de conviver com uma senhora de idade indefinida, que costurava e bordava como ninguém. Ela era muito alegre, baixinha e gordinha. Tinha a cabeça toda branca. Era gostoso vê-la rir. Sua barriga pulava junto com seu riso. E aí parecia que seu riso ficava amplificado. Bem-humorada, vaidosa e muito catita, gostava de andar bem-arrumada e cheirosa.

Ela sempre estava com uma agulha na mão. Sempre costurando. Sempre construindo, tecendo. Quando desmanchava uma costura, fazia-o com toda a atenção para puxar um fio inteiro, que enrolava criteriosamente, para que este pudesse ser reutilizado. Quando eu perguntava porque ela fazia isso, dizia que se não respeitasse a linha estava fadada a voltar para a terra e a ter uma encarnação inteira trabalhando numa fazenda de algodão, apenas para pagar pelo desperdício.

Ela respeitava muito seu material de trabalho; gostava de criá-lo, por isso comprava aparas de meias, da fábrica de meias soquete femininas ou masculinas que havia em sua pequena cidade, de onde vinham as sobras do corte das meias. Daí, ela puxava fio por fio, emendando um no outro, até formar um novelo. Dessa maneira fazia vários novelos, que eram tingidos. Combinando as cores, ia criando novelos novos, de quatro fios. Começava, então, a tecer, em crochê, as colchas.

Já pensaram no tempo empregado e na trabalheira que isso dava? Ao indagar se ela não perdia a paciência, ficando afobada, me respondia que não, que tinha todo o tempo do mundo...

Havia um outro tipo de colcha de retalhos chamado de "colcha de fuxico", feita de pequenos círculos de retalhos, cujas bordas eram alinhavadas. Esse alinhavo, depois, era cuidadosamente puxado, formando um franzido no centro. Os círculos eram guardados em caixas de sapatos, até que houvesse um número suficiente para fazer uma colcha. Depois, cada círculo desses era emendado ao outro com crochê, segundo um critério estético. O curioso e impressionante era como, às vezes, um retalho sem a menor expressão formava, no conjunto, um padrão muito interessante, que podia ser usado de ambos os lados.

Daí vem a expressão "fuxicar". Ao escolher, costurar e alinhavar cada círculo, as mãos ficavam ocupadas, mas a cabeça voava, a imaginação ficava solta, confidências eram trocadas...

E assim ela ia produzindo colchas e mais colchas de retalhos, cada uma mais bonita do que a outra...

Ela era a costureira oficial da cidade e da família, e fazia vestidos lindos para todos. E criteriosamente guardava os retalhos desses vestidos. Cada retalho continha em si um pedacinho de história.

Afinal a gente faz roupa nova para algum acontecimento importante, não é? Festas, bailes, casamentos, batizados, enterros, luto fechado ou aliviado... Antigamente luto tinha um ritual bem determinado: as pessoas usavam roupas pretas durante um ano depois da perda de um ente querido. Só depois deste período é que começavam a quebrar o luto com alguns detalhes em branco. E apenas daí para a frente era permitida a reintrodução de cores no vestuário.

Ai das pessoas que não seguissem a tradição. Ficavam tão mal faladas...

Num quartinho lá no fundo do quintal, atrás do caramanchão, com o seu jasmim, ela mantinha várias caixas onde guardava seus tesouros. Era ali que ficavam, classificados, os seus retalhos: pequenos e grandes, lisos, selecionados pela cor, listrados, estampados, tecidos mais finos ou mais encorpados. Quando ia iniciar a confecção de uma colcha de retalhos, prometida para alguma noiva ou para algum bebê que estava para chegar, passava muitas horas mexendo na sua coleção. Depois, recortava vários pedaços de entretela e começava a ensaiar com alfinetes o padrão que iria formar. Declarando-se satisfeita com o resultado, começava a prender, pontinho por pontinho, cada pedacinho de retalho na entretela. Comprava várias unidades e depois emendava uma na outra, fazendo um padrão inteiro. Em seguida, vinham o forro e os arremates. E assim ficava pronta a colcha. Linda, como tudo que se faz por gosto...

Em sua estrutura a colcha continha histórias de várias pessoas, com suas datas importantes e significativas. Podemos dizer que ela costurava histórias...

Foi dela que eu ganhei o presente mais bonito que uma jovem podia ganhar, e fez com que eu me sentisse uma princesa, dessas dos contos de fadas. Ninguém, no mundo inteiro, tinha

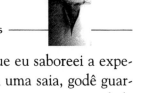

uma roupa daquelas. Foi a primeira vez que eu saboreei a experiência de ser singular... Ela fez para mim uma saia, godê guarda-chuva; vocês sabem o que é isso? Era uma saia tão rodada que, posta no chão, formava um círculo exato, com a cintura no meio. E era toda de retalhinhos triangulares...

Ao lhe perguntar o que eu havia feito para merecer tal tesouro, ela me respondeu que era porque eu sabia ficar do lado dela, olhando, esperando, quietinha, só curiosa, aprendendo a sua arte... (Confesso que na hora não entendi nada, mas hoje sei exatamente do que ela estava falando...)

E me dava vontade de aprender. Ela selecionava para mim tarefas mais simples, como chuliados e bainhas. É só agora me apercebo de que ela possuía uma forma imbatível de ensinar, favorecendo a experiência pessoal. Às vezes, querendo ajudá-la com alguma costura, com a esperança de fazer um atalho e ir mais depressa, eu pegava uma linha "comprida toda vida"... Chamava-se linha de preguiçoso porque, sendo bem comprida, não era necessário parar toda hora para pôr mais linha na agulha. Ela nem precisava falar nada, porque rapidamente a gente aprendia... Fazendo dessa maneira a linha dava muito nó, o que era um trabalho que requeria ainda mais tempo e era muito mais difícil, porque freqüentemente a linha se rompia. E a gente perdia mais tempo ficando irritada, o que não melhorava em nada a situação...

Ela fazia questão de um serviço bem-feito; ao pegar um bordado que íamos mostrar, ela logo ia ver o avesso. O avesso tinha de ser tão perfeito quanto o direito, aí estava a marca da qualidade da bordadeira...

E também me ensinou a dar nó em todo início de trabalho. A costura ficava mais firme, sem ter de ser refeita. Ou seja, ela me ensinou a nunca dar um ponto sem nó...

A arte de restaurar histórias

Com seu jeito manso e firme, ela conseguia fazer as pessoas passarem por um ritual de iniciação sem que elas mesmas notassem disso... Sem o saber, agora me apercebo de que foi com ela que aprendi e tomei a meu encargo esse ofício de tecer histórias.

E o que é ser terapeuta senão isso: ter tempo, olhar com atenção, garimpar e colecionar minúsculos e insignificantes pedaços de fios de histórias, formando pequenos novelos, reservando-os para serem usados no momento certo do bordado; ficar atenta ao potencial que esses pequenos pedaços têm, organizando-os, classificando-os e guardando-os?

Cuidando para evitar desperdícios, desavisadamente jogando fora material que, reciclado, vai com certeza fazer parte da composição da nova colcha...?

Até chegar o tempo certo em que já temos material suficiente para iniciar o delicado trabalho de tecer em conjunto, agora a quatro mãos (entremeado por um coro de muitas vozes antigas...), um novo todo. Criativamente. Sem permitir que o desânimo diante da amplitude da tarefa faça esmorecer a energia, abrindo espaço para a sensação de deserto.

Fazendo a mágica de transmutar tudo, até mesmo o feio, o escuro, o barato, o descartado e o doloroso, em uma tapeçaria rica, inigualável, de singular beleza

...Resignificando a história...
Pontinho por pontinho...

O sabor de ser terapeuta

Olá, companheiro da madrugada.

A sua cartinha recebida pela Internet instalou em mim um desasossego e desandei a ter idéias.

Aproveito a situação de estar distante e por trás da tela do computador para soltar a vontade de escrever sem rumo e ver aonde o fluxo de idéias me conduz. É muito prazeroso escrever, principalmente quando meu interlocutor está longe e, portanto, não há ninguém para me fazer sentir a responsabilidade de ser coerente, adulta, sabida.

Tenho uma neta de três anos que se chama Alice, e tem o hábito de me pegar pela mão e me fazer andar pela casa toda enquanto pergunta: "O que é que a Alice quer, vovó?"

Eu tenho vontade de contar para ela que eu apenas *tenho a imagem* de quem sabe das coisas. Tenho também de ficar passeando pela casa, procurando.

Na realidade, estou apenas mais acostumada a ficar perdida e a não me afobar tanto. Quando o panorama está escuro e não dá para enxergar longe, espero a neblina se dissipar e, quando o sol começa a brilhar, posso retomar o caminho...

Mas diante dela (e de outras tantas Alices da vida...) procuro ter um ar de sabida e, na minha melhor tradição existencial, dou espaço para a busca, ficando junto dela até que descubra o que quer, mesmo que eu tenha de visitar todos os armários e todas as gavetas da casa, desmanchando qualquer tentativa de ordem.

Como sou uma pessoa que busca incessantemente respostas para um sem-número de questões, daí vem a paciência para auxiliar pessoas a procurar...

Você me fez uma pergunta nem um pouco simples.

"Qual o Sabor de Ser Terapeuta?"

O que vou responder é que muitas vezes me assombro com a passagem dos anos e vejo que muitas pessoas passaram por mim e se sentiram tocadas pelo nosso encontro...

Nesse momento, me apercebo de que, se fui testemunha de sua existência, elas também o foram, da minha. Quando por acaso nos encontramos, o olhar que trocamos é antigo e essencial. Não há espaço para supérfluos.

Mas voltando à sua questão: depois de todos esses anos de profissão lidando com pessoas, pensando no assunto, algumas vezes descubro, outras relembro, os diversos sabores que começam a desfilar dentro de mim.

Vamos ver: são tantos os sabores que surgem....

Depende... do momento, de mim mesma, se estou mais disponível e com abertura para a sensibilidade, ou mais protegida e colocada a uma distância cautelosa.

Sim, porque as pessoas que passam por mim com suas dúvidas me fazem visitar, repetidamente, lugares sombrios e incertos. Às vezes precisamos nos defender... Eu costumo refletir sobre essa profissão, que me obriga a fazer um eterno retorno a situações já vividas. Pessoas comuns fazem suas travessias uma vez. A nossa sina, à maneira de Sísifo, prescreve a repetição...

Continuando, o sabor depende do contexto em geral, depende da intensidade da dor compartilhada e da semelhança de situações vividas por nós quando o processo de cicatrização ainda está em vias de se completar...
Mas você ainda está aí? Então me siga...
Por exemplo, quando alguém faz como Alice e procura de verdade, consegue achar o que está buscando e sabe que achou — e, mais importante ainda, é capaz de me contar seu achado com prodigiosa riqueza de detalhes —, o gosto é de canela. Em pau. Tão bom esse gosto; lembra a tranquilidade e quietude de se estar finalmente em casa. Você sabe do que eu estou falando? Já se perguntou quem é você de fato?
Houve um tempo em minha vida em que eu sonhava muito com casas. Era sempre uma experiência de quase... Eram sempre casas com potencial, que poderiam transformar-se em lar, desde que eu estivesse disposta a trabalhar muito para retirar entulhos e velharias que encobriam sua forma verdadeira. Eu estava sempre em busca de minha casa, onde finalmente poderia me sentir segura, depositar minha bagagem e viver, e criar...
Fiquei pensando no sabor da paixão... Essa é difícil, não? Fiquei pensando no que você me escreveu, no gosto da manga madura, suculenta, comida sem recato. Cheguei a pensar que havia identificado um sabor de curry, que é um combinado picante de sabores... Mas, procurando mais atentamente, chego à conclusão de que no estado de paixão as nossas barreiras habituais caem por

terra, e os cheiros e sabores ficam muito acentuados, numa intensidade que quase chega a ser dolorosa... Acho que é daí que vem a expressão de que estar apaixonado "é bom que dói"... Esse estado é contagiante, todos ao redor se mobilizam, suspirando, enquanto buscam na memória essa divina loucura ...

Quando a pessoa finalmente entra porta a dentro, luminosa, radiante, calma e íntegra, parecendo ser capaz de ser feliz de maneira sábia, adivinhamos pela cor que a rodeia, tão transparente como uma aquarela, que ela encontrou seu bem-amado. Conseguiu identificar seu companheiro de alma, tão arduamente procurado por nós todos na vida. Essa é uma vivência interna, profunda e restauradora. O gosto é daquele chá colorido e suave, de flores e frutos, que ao ser sorvido com parcimônia vai liberando no nosso paladar a capacidade de recordar histórias dos ingredientes que compõem essa mistura.

Existem momentos raros em que se tem o que podemos chamar de experiência do Eterno, de Comunhão... Esses preciosos momentos trazem-me de volta sensações de passeios de fim de tarde, quando subo as montanhas e, lá do alto, terei o privilégio de assistir, e também de ouvir, o pôr-do-sol.

Você deve estar espantado, não entendendo nada, não é? *Ouvir o pôr-do-sol?* O poeta já dizia: "Ora direis, ouvir estrelas?/ Decerto perdeste o senso".

Pois aqui vai mais uma novidade dessa pessoa sem senso. Será que você já reparou na existência de um intervalo estreito situado entre o alarido da passarada procurando seus ninhos e o anoitecer; um intervalo de silêncio, silêncio este que acontece para demarcar o início da noite, e só a partir dele é que se levantam os sons noturnos, de cigarras, sapos, grilos...? Nesse momento o sabor é, com certeza, de folhas novinhas, recém-colhidas, de hortelã.

Mas, quando quem que nos procura entra porta a dentro tomado de energia destrutiva, fechado, tão empenhado em não ouvir nem ver o que está ao redor, tão pesado, dá vontade de sugerir que passe primeiro no congá do Caboclo Anastácio... Ele é quem sabe direitinho que ervas temos de misturar para fazer um banho de descarrego.

Você já ouviu falar dele? Acho que não... Pois então, vou contar a sua história: ele gosta muito de caminhar. Ele junta nas suas andanças por aí uma porção de ervas que cozinha num caldeirão, deixa decantar e põe numa garrafa especialmente preparada. Recomenda àquele que vai procurá-lo que tome um longo banho, encerrando o enxágüe com o preparado feito por ele... E manda firmar o pensamento e jogar fora essa energia acumulada e essas ervas usadas em água corrente... Dizem as pessoas que já tentaram essa abordagem terapêutica que, a partir daí, passamos a nos sentir como uma criança novamente. Já pensou que maravilha?

Essa pessoa, tomada de emoção negativa, está se apresentando impermeável a qualquer tentativa de ajuda, briga para dentro e para fora, uma briga de poder, de vida e morte.

(Você já reparou em quantas pessoas vendem a alma em troca de poder? Poder é um sucedâneo inferior que a pessoa busca quando de fato está buscando amor... Mas falar disso é tabu, temos de fingir que acreditamos no que estamos vendo e ouvindo.) Nesse caso, ganhando ou perdendo, o gosto inicial é doce, para em seguida percebermos que, aos poucos, dá na mesma: o gosto fica amargo como fel. Esse gosto vem da decepção, da sensação resultante de perceber que fomos logrados, com tantas promessas dizendo que quando fôssemos bem poderosos, alcançaríamos a felicidade...

Nas passagens mais importantes da vida, quando o crescimento envolve perdas; (você já reparou que crescimento sempre envolve perdas?) quando a situação é doida e doída; quando o que nos resta como recurso é ficar com o outro, junto e em silêncio, garantindo a presença e nada mais; quando a pessoa está atravessando a sua noite escura da alma, fazendo seu projeto heróico e a gente compartilha uma sensação de frio ancestral, o gosto que fica é quente e salgado, gosto de sangue.

É um lugar difícil...

Mas... (Graças aos céus!) o pólo oposto sempre está presente... Quando a pessoa que habitou por tanto tempo o nosso consultório e nosso imaginário acorda de seu sono sonambúlico, se espreguiça, joga o cabelo para trás, esfrega os olhos, olha para nós conseguindo ver claro pela primeira vez e pergunta, querendo saber mesmo (e não do habitual personagem que ela joga em cima de nós) *como vai você?*

É sinal de que *aquilo que tanto esperávamos, o aparecimento da mutualidade, o Encontro de duas pessoas encarnadas, finalmente tornou-se possível.* O seu feitiço foi desfeito e se quebrou...

Parece que a força de quebrar o seu feitiço é tão grande que quebra o nosso encantamento também, libertando-nos de nossos grilhões. Já não somos uma imagem e, sim, uma pessoa, morrendo de vontade de ter o privilégio de sermos vistos e ouvidos do jeitinho que somos, sem tirar nem pôr.

É aí que aparece na boca um gosto fresquinho, o gosto de erva-doce, que nos remete ao tempo em que éramos simples, límpidos na nossa inocência...

Boa noite, não sei se respondi à sua questão, mas, por favor, continue perguntando. As suas perguntas me mobilizam e me repõem a caminho da busca...

Três mulheres fazendo arte

Minha amiga,

Sinto necessidade de lhe contar o que ficou desse nosso reencontro. Desde a nossa conversa ao telefone, fiquei muito mobilizada. Compartilhar a nossa saudade de uma amiga especial que se foi, o fato da descoberta da escrita, nossa conversa tão rica, cheia de energia. Nós, que tínhamos em comum a profissão, de repente, por obra da vida, éramos como velhas amigas trocando confidências.

À medida que envelhecemos, temos uma reação saudável. Ao nos sentirmos acompanhadas num tal jeito de ser, na busca da profundidade, não perdemos tempo. Toda a dança preliminar pode ser dispensada. Saltamos na hora para dentro da intimidade.

Eu não sabia por onde começar, mas foi apenas um jeito de iniciar o contato. Acho que sei, sim. Em primeiro lugar, quero agradecer sua prontidão em vir me ver aí em sua terra, mesmo com o meu pouco tempo disponível. E chegou cheia de presentes. O plano de me levar para almoçar num lugar em que você poderia me apresentar um pouco da cidade, um cantinho seu favorito. O seu livro, absolutamente encantador, seja na forma, seja no conteúdo, que não resisti e li avidamente, de um fôlego só. Agora, com mais calma, estou podendo saborear devagarinho cada um dos seus contos.

Me flagro contando o seu percurso para as minhas pessoas mais queridas. E mostro o livrinho, *mas na minha mão*. O interessante é que os contos me são absolutamente conhecidos. Quem dera eu tê-los escrito. Reconheci neles a fala de uma mulher universal que, bem acolhida, nos premiou com imagens riquíssimas...

O seu trabalho e o seu empenho de fazer suas conhecidas ousarem tirar do fundo da gaveta seus escritos escondidos, trazendo-os à luz do dia e, em pequenos saraus, lendo-os para o grupo, é um fantástico resgate de almas. E de vozes. Fico pensando em quantas vozes femininas calam-se por falta de interlocutores...

Hoje, temos vários pontos de contato. A fase de vida em que nós encontramos, a garimpagem de escritos e de tesouros escondidos. Uma pessoa em comum nos une: a nossa querida amiga que já se foi. E, mesmo ausente, consegue "costurar" pessoas.

(Sabe, às vezes me conforta e, além disso, gosto de pensar que ela está nos assistindo, toda satisfeita, agora já dona de uma compreensão da vida que a faz sorrir ao nos ver tão humanas, enroscadas, nas nossas atrapalhações e sem-gracezas inerentes...)

Ela foi uma grande amiga, outra grande mestra... Sinto muito a falta dela. Com sua idade dava para ser minha mãe, mas isso não constituía problema; ela possuía a capacidade de ser flexível o suficiente para não se fixar em nenhuma idade. Ora era uma moleca arteira, com uma pitada de malícia, ora madura o suficiente para me acompanhar nas minhas buscas, ora se apresentava como mulher sábia, capaz de transcender o imediato e ter uma visão mais refrescante sobre os problemas do mundo.

Sabe aquelas amigas que a gente pode ligar para contar a coisa boa que nos aconteceu, o feito importante que os filhos realizaram? Sim, porque para ouvir o que não deu certo todos têm ouvidos, mas para sinceramente celebrar um episódio que nos enche de alegria, é raro encontrarmos interlocutores. Entram aí todo o ciúme, a inveja, a sombra...

Ao mesmo tempo foi a mulher conhecedora que entendia muito bem os sobressaltos de minha alma feminina, que continua tendo a mania de não caber dentro desse invólucro corporal!

Trocávamos vivências e confidências. Juntas, aprendemos a fazer um precioso trabalho interno, buscando uma atmosfera de quietude e paz. Passei momentos de muito aconchego naquela casa onde era seu consultório, desde o início, quando ainda não estava mobiliado, só com algumas almofadas e o tapete ao redor da lareira. Como era bom deixar para trás as preocupações e correrias e entrar naquela atmosfera. Ficar na varanda, com os pés descalços na grama, meditando, escrevendo, olhando o entardecer. E conjecturar. Ela ali, fazendo o seu caminho, sua reflexão. Só depois conversávamos, compartilhando a vivência daquele dia.

Outro sinal de amizade, podermos trabalhar juntas, cada qual no seu processo, compartilhando o silêncio...

Ela confiava em mim como profissional, apesar da diferença de idade; mesmo eu sendo muito mais jovem, tinha mais experiência e ela me pedia auxílio e supervisão. E veja só, ela que tinha tanto a ensinar!

Havia-se formado há pouco (na faculdade). Mas não se apercebia de que havia ido para a academia só por questão burocrática, de que havia aprendido com a vida, em primeira mão. Acho que se formou oficialmente quase aos 70 anos de idade. Tinha um defeito: perfeccionista que era, nunca se achava pronta.

Nas ocasiões em que eu a inquiria sobre quando iria dar aulas, fazer grupos de estudos, ela me respondia que não estava pronta. Nem em relação à mitologia grega, que ela conhecia de fio a pavio, não havia meio. Ela era capaz de dar suporte a todas as iniciativas de outras pessoas, emprestando livros (e que riqueza de livros havia naquela casa)...

Ela gostava de dizer, por exemplo, que rico é aquele que ama, não quem é amado, pois o amor reside na pele dele. Confesso que no princípio não entendia bem o que ela queria dizer com isso, mas hoje vejo com cristalina transparência o que isso significa.

Como profissional, era muito exigente tanto consigo mesma quanto com seus clientes. Se percebesse que o cliente em questão não estava se devotando ao trabalho interno, se não cuidasse de seu material, se não sonhasse, depois de vários primeiros avisos, era despachado até que resolvesse trabalhar direito. Acho que ela sabia que seu tempo não era tão extenso assim aqui na Terra...

Ela sabia ser encantadora, quando se comportava como uma mulher do mundo, conhecedora dos fatos da vida. Tinha um jeito especial e coquete de fazer contato com homens, libertando todo o seu charme, jogando fora e deixando para trás os anos a mais que lhe pesavam nas costas.

Costumava viajar à Europa. E, ela que era tão vaidosa, gostava de se vestir bem, levava apenas uma malinha, e assim mesmo cheia pela metade. Quando eu perguntava como ela conseguia, me contava que lá ia ficar na casa de um amigo de longa data, que, na certa, cavalheiro como era, iria insistir em carregar a sua mala escada acima, quando chegasse. Então ela fazia uma mala bem leve, para cuidar que ele não se esforçasse demais e se sentisse embaraçado...

Tive o prazer de conhecer Paris pelos olhos dela. Ela falava muito de Paris, tinha vivido lá alguns anos, contava muitas histórias. Sempre dizia que iria me apresentar Paris, cidade que amava. E assim o fez quando surgiu oportunidade. Caminhamos e caminhamos. Ela conhecia cada esquina da cidade. E a ida ao Louvre? Incrível! Uma vez lá dentro, ela ia fazendo visitas a obras que eram suas amigas, tal a desenvoltura com que conhecia cada quadro e cada ala. Tinha uma afinidade visceral com arte e estética. Suas coisas eram lindas, e de muito bom gosto.

Ela conhecia o lugar onde serviam o melhor café com leite da França; de onde se descortinava a melhor visão do pôr-do-sol, qual o melhor ângulo para se ver a Torre Eiffel; qual o ponto da sala em que estavam expostas *Les Nimphéas* de Monet, de onde se podia ficar mais intensamente imersas naqueles roxos e lilazes...

Não foi à toa que vocês duas se deram tão bem!

Ela lutou muito com a sua concretude de pessoa vivida. Buscava incessantemente a fé, que dizia não conseguir ter. Buscava o sentido de transcendência, que dizia não alcançar. Sofreu por sua própria competência, bem como pela própria miopia para enxergar com clareza que aquilo que tanto buscava, há tempos já lhe pertencia e estava ao alcance de sua mão...

Minha amiga, iniciada a semana, chegando ao consultório, fui correndo buscar seu outro livro, aquele maior, o do hotel junto à estação de trens. Eu havia me esquecido dessa imagem saborosa, a de um hotel junto a uma estação... Quem sabe até muita gente tenha resolvido interromper sua viagem só para ficar um tempo hospedado ali. E, como resultado dessa decisão, algum fato marcante tenha ocorrido na vida dessas pessoas. Nesse livro, ou álbum de recordações, você descreve a saga da família e de hóspedes que lá estiveram.

E sabe do quê? Todos os seus contos estão lá. Você sabia disso? No livrão. Era só abrir e libertá-los. Para depois recolhê-los no livrinho.

A arte de restaurar histórias

Hoje de manhã peguei o Azul Paranaguá, por meio do qual você desvenda mistérios dessa cidade tão mal-tratada e mal trajada!.

Ai, meus sais! Trata-se de um caso raríssimo de "vidência", de ser capaz de ver pessoas e histórias pelas calçadas, portas, janelas, paredes descascadas, descobrindo tudo aquilo que jazia escondido, guardado no fundo do baú. E tome Club Litterário, personagens antigos, escritos, museus, Instituto Histórico e Geográfico, iniciativas. Velhinhas e suas mágicas guardadas em baús, vindo à tona de si mesmas, à luz.

Amiga, que caso sério, não? Você é uma garimpeira da alma que reside em cada construção, cada pedra do caminho! Devia ter uma plaquinha na porta de seu consultório, alertando as pessoas para essa sua característica. Se seus clientes parassem e se apercebessem daquilo que estava escrito, não perderiam tempo dando voltas e resistindo. Abririam logo a porta de seu ser e diriam:

"Pode entrar, esteja à vontade, a casa é sua!"

Aos poucos vou lhe enviando meus textos. Esta carta, em si, já é um texto. Também vou me atrever. Curioso como o atrevimento é contagiante, não? Acabo de ter uma idéia! Propor um Curso de Atrevimento na Universidade! Que é o local certo para atrevidos (pelo menos é o que deveria ser).

Eu lhe contei que devagar fui ousando me afastar do porto seguro da teoria. Sempre tive necessidade de encontrar as pessoas, dialogando e sendo o mais transparente possível. Meus escritos giram ao redor desse nosso ofício e da vida em geral. De modo simples e emocionado.

Um grande abraço, obrigada pela companhia,
Jean

Pelas ladeiras da memória, encontrando mestres

Tenho estado dividida a respeito da noção do tempo, ou melhor, a respeito da cambiante sensação interna de se ter tempo ou não. Com a chegada da maturidade, e com algumas tarefas existenciais completadas, percebo que hoje, tendo mais tempo concretamente, vem junto com essa aquisição a possibilidade de ver com mais nitidez os fatos do mundo. Sim, porque dependendo da sensação predominante, do ter ou não tempo, vem acoplada uma atitude que interfere profundamente na nossa reação diante das pessoas e da vida.

E junto com essa atitude, cada dia descubro, pelas lentes da memória, algum mestre que foi importante em minha vida.

E eu, que vivi sempre rodeada de livros, paradoxalmente descubro que não foi em livros que aprendi as coisas mais importantes.

Uma história a respeito do tempo:

"Era uma vez um homem que caminhava pelo mundo à procura de algo que ele não sabia bem o que era. Caminhou que caminhou, procurou que procurou. Ele, nas suas andanças, passou a usar na cintura uma corrente feita de elos de ferro. Disseram-lhe que em algum lugar no mundo ele encontraria uma praia, onde havia uma pedra especial que, ao ser friccionada de encontro ao seu cinto de elos de ferro, transformaria aquele material rústico em ouro.

Então ele descobriu uma razão para a sua busca. Ficaria rico com a venda de pedaços dessa pedra. Ambicioso e voraz, passou a visitar todas as praias de que tinha notícias. E as pessoas estranhavam muito aquele homem enorme, catando pedras na praia e avidamente esfregando-as no seu cinto. E esse comportamento se repetia, se repetia. E ele continuava. Com pressa cada vez maior, porque já havia visitado quase todas as praias que havia no mundo. Cada dia tinha mais pressa... Até chegar um dia em que, envelhecido, cansado e desanimado, sentou-se e olhou para o mar.

Foi nesse momento que teve a capacidade de ver o mar em todo o seu esplendor.

E qual não foi a sua surpresa quando ao olhar para o seu cinto, verificou que ele se havia transformado no mais puro e reluzente ouro. Então era verdade!

Só que em sua pressa não tinha a menor idéia de qual fora a pedra que havia possibilitado a transformação... !" (Rabindranath Tagore)

Outras histórias:

Há muitos anos, formamos um pequeno grupo entusiasmado em ensinar e passar adiante todo um material novo que tínhamos aprendido a respeito de psicoterapia. Tudo era novo, motivo de experimentação e pesquisa. Nós, que vínhamos de uma tradição formal, em que havia *um jeito certo* de exercer o nosso ofício, ficamos encantados com a permissão de

A arte de restaurar histórias

trabalhar sendo autênticos e genuínos em nossa humanidade, que esses novos tempos nos propiciavam!

Até que, com o passar do tempo, com o crescimento do grupo, começamos equivocadamente a tentar organizar o nosso entusiasmo estabelecendo normas, regras, tentando controlar tudo o que fosse passível de ser controlado. Ou seja, andando para trás.

De repente, aquilo que havíamos aprendido pela via da criatividade e da emoção, do novo e de "mares nunca dantes navegados", começou a dar uma sensação de camisa-de-força. Um abafamento, uma falta de espaço, uma falta de abraço...

Ali estávamos nós, aflitos em dar conta da vida, tentando administrar nossa vida pessoal, nosso companheiro amado, nossos filhos, nosso consultório com clientes que acompanhávamos com atenção e carinho, as aulas, as reuniões de hora de almoço, com uma pauta tão extensa e tão cheia de linhas cruzadas; era tanta coisa *fundamental* para se resolver que provocava uma indigestão a cada sexta-feira!

Lembro-me então de que, naquele dia, com indigestão e tudo, passamos na casa de uma colega, cujo companheiro era um Artista, uma pessoa muito instigante e criativa.

Aquela casa, com sua arquitetura tão singular e labiríntica, e aquele Artista eram um convite à irreverência, um convite a virar de ponta cabeça tudo o que fosse estabelecido!

Começava pelo som da campainha que tocávamos ao chegar: imaginem que, ao toque da campainha, o que ouvíamos era o ruído do motor de um liquidificador! Na dúvida, tocávamos novamente! E, de novo, o mesmo ruído.

Já desarticulava o nosso contato com o conhecido logo na entrada.

Ao estacionar diante da casa, já podíamos ouvir o som de um piano tocando jazz. O som era deliciosamente subversivo, afastando, pelo menos momentaneamente, qualquer tentativa de seriedade.

O pianista era um mestre do improviso. E ao subir a escadaria ao som da música, dava uma vontade irresistível de sair dançando.

Passando pelo jardim colorido e anárquico, cheio de margaridas, entramos na sala, repleta de cavaletes, e deparamos com uma atmosfera azul brilhante cheia de pincéis e telas.

Era impossível não ficar surpreso pela atmosfera completamente diversa daquela reunião recém-terminada e indigesta.

Ele dançava, cantava e ria, enquanto pintava e ia experimentando sempre; mexia com seus pigmentos, e muito feliz contava as novidades do dia, imitando jocosamente uma senhora da alta sociedade, que tinha vindo ver o seu trabalho, e não tinha conseguido ver nada; e ainda por cima tinha comentado como ele conseguia ficar naquela vida, que não dava nenhum dinheiro. E respondera,

"Pois sou muito mais rico do que você. Sabe qual é a minha riqueza? O que eu tenho?

TEMPO!"

Essa história, esse comentário, provocou um estremecimento, como se um raio houvesse aberto minha cabeça. Na busca de organizar, domesticar, impor regras, competir pela ribalta, de lutar para sermos considerados os melhores, os mais inteligentes, e daí por diante, tínhamos nos esquecido do principal: ou seja, de nós mesmos, instrumentos básicos no nosso trabalho.

Estressados, exauridos, entupidos de tantas palavras, como podíamos arranjar a calma e a quietude necessárias para abrir espaço à criatividade, ensinar o caminho para a cura da alma a alunos, clientes e outras pessoas que passavam pela nossa vida?

Nós, os acadêmicos, os profissionais, freqüentemente nos reuníamos lá, sempre ocupados com as nossas infindáveis discussões a respeito do sexo dos anjos! De vez em quando, ele, com uma expressão divertida, passava por nós, vindo da sala onde ficava seu atelier e indo para a cozinha, para mexer em alguma panela (ele, às vezes, cozinhava maravilhosamente, outras vezes, horrorosamente, mas não cessava de experimentar...). Vendo-nos naquela atmosfera densa e aflita, com ares de fim do mundo, bem próximos do apocalipse, deixava cair um comentário:

"Quem bate na mesma tecla, só ouve o mesmo som!"

Numa outra ocasião, passados esses tempos heróicos iniciais, fizemos a primeira reunião nacional dos representantes dessas Novas Idéias Psicoterápicas, com a presença de todos os "importantes" de diversos estados brasileiros. Aí mesmo é que a coisa ficou complicada. Cada um queria, é claro, se apresentar em sua melhor forma, o que em si não se constituiria em problema nenhum. O difícil foi a competição instalada. Fora dada a partida de uma corrida sensacional! Todos tropeçando em todos, indiscriminadamente...

Isso se passou numa praia. Sabem o que acontecia e nunca ninguém parou para se aperceber?

As pessoas do grupo saíam sorrateiras, quando o clima ficava insuportável e cheio de desencontros, para ir trocar um dedinho de prosa com o Artista, tomar uma cachacinha, quem sabe ajudá-lo na cozinha e (por esse caminho, tão prosaico), ter revelações a respeito da vida que nenhum manual conseguia fornecer.

Sentado na rede da varanda de sua casa, varanda essa de onde podíamos de um lado avistar uma mata fechada e, do outro, um singelo cemitério, nos contava histórias (sempre tinha muitas delas para contar). Falava do tempo em que serviu o Exército, e seus superiores colocaram sob o seu comando o que ele chamava de "El Pelotón de Los Tontos", referindo-se ao conjunto de soldados de inteligência bem limitada que lhe cabia comandar. E ria muito, com os olhos brilhantes, contando as trapalhadas e como era a vida nesse quartel.

Essas histórias serviam de contraponto especial para as nossas vivências grupais, tão sérios que éramos... Essa era uma época em que acreditávamos que o melhor caminho era a linha reta! O Artista via as coisas da vida com lentes muito próprias, e com contagiante bom-humor.

Resumindo: Os mestres mais eficientes daquele colóquio foram o Artista e o mar...

Outra das histórias dele:

Ficou cansado dos costumeiros rituais de celebração do ano-novo: a tal da corrida, os fogos, champanhe e tudo o mais, o fato de as pessoas terem de ficar muito entusiasmadas e artificialmente felizes. Reuniu na casa de praia os seus amigos; alguns vindos da cidade grande; outros, caiçaras que moravam ao redor e lhe tinham muito afeto, apesar de na maioria das vezes não entender "nadica de nada" o que ele falava. Foi aí que propôs a *Corrida de São Risal*. O próprio nome já contava em que estado chegavam os participantes dessa corrida...

E o principal: ganhava a taça aquele "atleta" que chegasse em último lugar!

Ele, com seu jeito singular de ser, me ensinou (sem o saber) a poder olhar para a vida a partir de ângulos muito diversos daqueles estabelecidos, procurando sempre considerar a presença de um outro ponto de vista, de um outro lado da polaridade, desconfiando das lutas, das teimosias, das posições inflexíveis...

E, principalmente, ao me defrontar com uma possibilidade, uma idéia muito remota, mas original, daquelas adoráveis, que provocam um arrepio acoplado ao comichão da curiosidade, me ensinou a me permitir a liberdade de questionar:

— "Por que não?"

Ser terapeuta:
falando de amores e dores

A palavra Terapia vem do grego *Therapeia* e significa fazer o trabalho dos deuses, ou estar a serviço dos deuses, ou, ainda, a serviço do Todo.

Inspirada pela energia, pela atenção e pelo interesse do grupo com o qual estava trabalhando, eu havia falado sobre o sentido mais abrangente dessa palavra, da nossa profissão de fé, das possibilidades do encontro, da relação de amor tão singular que é construída...

Foi quando uma participante do grupo, de olhos brilhantes e sorriso aberto, resolveu de repente fazer uma pergunta.

"Mas, o que ocorre na alma do terapeuta ao longo dos anos do exercício de sua profissão, e o que ele pode fazer a respeito das suas próprias dores?"

Assim, sem mais nem menos...

Pensei comigo mesma: se eu fosse absolutamente transparente na minha resposta, quais as dificuldades que eu nomearia para alguém que esteja no início do processo de escolha do seu caminho profissional?

Em que situação complicada você me colocou...

De alguma maneira você me flagrou, porque ando mesmo me questionando justamente sobre as dores inerentes ao ofício de ser terapeuta. Mas, até então, esse tema era um trabalho interno, discreto, e você me desafia a colocar à luz do dia minhas indagações...

...Preciso de um tempinho para responder. Afinal não é qualquer resposta que está em pauta aqui, não é?

Paradoxalmente, começando a pensar, para dar conta dessa profissão só mesmo sendo inquieta e muito sensível. É justamente essa inquietude que nos move. A sensibilidade nos faz diminuir o passo e escutar com atenção...

Os amigos perguntam como conseguimos ficar o dia todo ouvindo desgraças. Sempre a mesma coisa. E eu respondo que em trinta anos de clínica e de vida adulta nunca encontrei duas pessoas iguais. A maneira pela qual cada um resolve sua própria vida é fascinante. E criativa. Não quero com isso dizer que esteja de acordo com suas escolhas. Mas, mesmo que essas escolhas sejam tortas, existe sempre uma tentativa de achar o melhor meio de sobreviver. Vejo mais como tentativas pessoais de enfrentamento da vida. Está certo, muitas vezes a escolha recai sobre um caminho destrutivo, anacrônico... Mas...

"*Quem tem alma não tem calma...*", já dizia o poeta (Fernando Pessoa).

Existem, isso sim, pessoas que são nutritivas e outras que são tóxicas.

Das nutritivas, é óbvio, não precisamos dizer muito. São pessoas queridas, calorosas, que arregaçam as mangas e se empenham no trabalho. Caminhamos na mesma direção. E como é fácil o seu desenvolvimento!

As pessoas tóxicas podem contaminar o nosso ambiente, provocando náusea, mal-estar, vampirizando a vida alheia, roubando nossa energia e nos tornando impotentes, inclusive para trabalhar com elas, que requerem tantos cuidados. Trabalham justamente contra tudo o que mais necessitam. E ainda assim, com toda a dificuldade que o trabalho terapêutico apresenta, precisam também de atendimento, afinal não podemos viver só de fadas; as bruxas, com maiores e melhores motivos, precisam ser atendidas...

> Ainda não tenho respostas claras para você (que também pediu que eu falasse a verdade, sem as devidas cortesias e rodeios); começo por alguns depoimentos...

Começando pelo privilégio: um dos privilégios é ter a licença, a possibilidade de se estar em um nível muito alto de intimidade com uma outra pessoa. Permanecer junto dela até que encontre seu trilho. E ver que existe um caminho, singular para cada um. E torcer por ela, irradiando energia, nos colocando nos bastidores, enquanto a pessoa está fazendo o seu trabalho. E, se tivermos a paciência necessária de esperar, podemos ver e constatar, muitas e muitas vezes, que a mágica funciona!

Com os outros... hoje tenho muita clareza de que, quando estamos investidos da autoridade de ajudar os outros, a força, a lucidez vêm junto. Desde que essa condição seja apenas para o nosso exercício profissional, e não seja usada para servir a algum propósito pessoal ou ainda como instrumento de abuso de poder.

Aí vem o primeiro ponto dolorido. Só não temos a mesma jurisdição conosco e com as nossas pessoas mais próximas. Já disseram que, em casa de ferreiro, o espeto é de pau. O nosso olhar, tão treinado, essa nossa *secreta mirada* pode até nos alertar que estamos entrando em território onde a areia é movediça, chegando a um beco sem saída, mas não temos a menor possibilidade de evitar o acidente...

Somos vítimas de nosso próprio saber. Temos alguma possibilidade de previsão, mas só o suficiente para provocar aflição. Se ousarmos dizer em família *alguma coisa, qualquer coisinha*, vem a trágica resposta: "*Lá vem você com a sua psicologia!*". E, ao mesmo tempo, quando nos rebelamos e respondemos de forma mais humana, mais emocionada, lá vem: "*Mas justo você, psicóloga, se comportando assim, desta maneira?*".

Numa reunião social, alguém vem conversar e faz a fatídica pergunta... Em que você trabalha? Hoje em dia uso o recurso de responder: "Sou professora". Todo mundo pára por aí. Todos têm a vivência daquilo que é ser professora... E não é mentira, somos mesmo uma espécie muito diferente de professores. Já percebeu que alunos e clientes se graduam, se formam, têm alta, e nós passamos a vida indo às formaturas deles, *e como terapeutas a gente não se forma nunca, nunca tem alta, sempre retornando ao ponto de partida, e recomeçando...?*

Agora, na mesma reunião social, caia na besteira de dizer baixinho, tímida e humildemente: "Sou psicoterapeuta...". A reação é instantânea e dividida em duas possibilidades: a primeira, de *afastamento*, "Não vá me analisar...". A segunda, ousada, mas dá na mesma, também é *de afastamento*: "Então me diz como eu sou...".

A arte de restaurar histórias

É quando a gente se revela uma *"coisa esquisita"* mesmo. É como se olhássemos para o mundo a partir de lentes sofisticadas, muito diferentes das dos demais...

Estamos sempre garimpando à procura da palavra plena... em que o ser, o sentir, o expressar estão integrados na mesma direção... Esse momento é tão raro... Temos necessariamente de manter uma vida pessoal rica, para sermos capazes de esperar com calma que a pessoa faça o seu trabalho no seu próprio tempo e não segundo a nossa expectativa!

Estou me lembrando de situações em que atender dói.

Por ocasião de perdas importantes, com o coração trespassado de dor ainda não cicatrizada, às vezes somos tomados por reações de tremenda impaciência em contato com clientes que ficam dando voltas em seus temas pessoais, que naquela constelação parecem banais, *sofrendo por medo de sofrer*. E ao mesmo tempo, o que é espantoso, em situações muito turbulentas, crises de passagem que nós enfrentamos, existem situações em que nos indagamos sobre quem teria de pagar a quem, uma vez que o atendimento nos trouxe alívio, constituindo-se num bálsamo para cuidar de nossa alma...

Algumas pessoas acham que lemos pensamentos... E morrem de medo de serem desvendadas (E o pior, cá entre nós, é que às vezes lemos mesmo...).

Lemos o texto, o pretexto, o subtexto, o supertexto, o hipertexto, o infratexto... É a marca da profissão...

Compartilhamos e reconhecemos o momento e a emoção da chegada, do encontro, da palavra que brilha porque vem cheia de significado e inteireza. E, ao mesmo tempo, sabemos que não se trata de um momento previsível, passível de ser repetido por algum efeito técnico.

Novo paradoxo: trata-se exatamente de um momento em que arriscamos abrir mão de qualquer conhecimento, técnica ou experiência anterior e realmente entramos de mãos vazias, vestidos apenas com a nossa humanidade, que quase por milagre toca a humanidade do Outro, e nos unimos num terceiro ponto, que não é o meu nem o do Outro!

Nesse sentido, essas vivências que temos em nosso ofício, esse encontro real entre dois seres humanos, companheiros de vida, chegam ao nível do sagrado. E acho que é aí que ficamos enredados, esperando o próximo (*e altamente improvável*) *Encontro*...

Que nos remete à nossa própria solidão!

Quanto à maioria daqueles que cruzam nossa vida, podemos mesmo caminhar junto com eles até que encontrem seu trilho, quando então ganham velocidade. Nesse momento, ficamos no umbral de sua vivência, podemos chegar perto, mas quem transpõe aquele portão é ele. Sozinho... Por mais que queiramos ir junto...

E é assim que deve ser.

Outro ponto, causador de incômodo: vocês já repararam que, quando estamos com algum sofrimento tematizado, e o guardamos criteriosamente num cantinho, e vamos ao consultório cuidar de outros, por força da nossa tarefa, justamente aí é que somos colocados diante de temas e lugares doloridos para nós, *sem a possibilidade redentora da escolha...?*

Revisitamos pontos e histórias em que a cicatrização na nossa alma ainda não está completa, e para lá somos levados à nossa revelia...

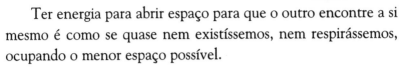

A arte de restaurar histórias

Ter energia para abrir espaço para que o outro encontre a si mesmo é como se quase nem existíssemos, nem respirássemos, ocupando o menor espaço possível.

Temos de aprender a deixar nossas próprias necessidades e desejos de lado, usando-as apenas como sinalizadores.

Temos sempre a dupla tarefa de, estando alertas para o que se passa em nós, ao mesmo tempo nos estendermos até aquele que está conosco. Sem que nos percamos. Mas sempre a serviço do Outro. *Existe aí uma regra de abstinência, sacrifício, que temos de levar profundamente a sério ao nos tornarmos profissionais.*

E, depois de tudo, desse longo trabalho de alfabetização, passo a passo, toda a longa caminhada, quando atingimos o ponto do diálogo, da mutualidade, é hora de encerrar o processo!

Para novamente abrir espaço e receber uma outra pessoa, começando do começo, e assim vamos... Nessa ciranda eterna...

E é a partir desse ponto tão desconfortável, dessa hora da separação, porque desconhecida para ambos, em que também nós nos apercebemos de como essa mesma pessoa faz parte do nosso universo. E devagar vamos ensaiando uma nova relação, a de amizade, meio desajeitada...

E é nesse ponto que, finalmente, acho que vou repetir, finalmente somos libertados, deixando de ser personagens. Temos enfim a chance de sermos vistos em toda a nossa transparência, como seres humanos, dotados de alma. Que sempre estiveram ali, mas cuja presença não havia ainda sido invocada... E sendo perfeitos do jeito que somos.

Concluindo:

Coisa estranha essa profissão. Cheia dos sabores. Cheia das possibilidades. Cheia de possíveis disfarces. *Condenada à solidão pessoal pela proximidade com a alma alheia.* Abençoada em alguns encontros... E o que nos mantém nesse percurso? Será a onipotência, a loucura, a teimosia?

A fé, acho...

Parte III

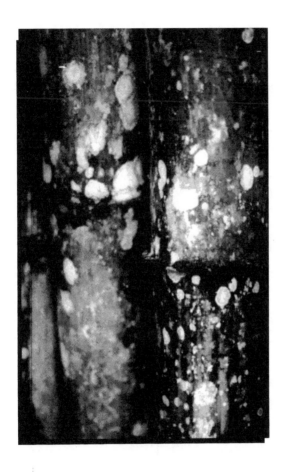

Voando, aprendo o olhar panorâmico. Paredes diluíram-se, dando espaço para a vida — que, afinal, é a melhor escola. Não existe dicotomia entre trabalho e existência.

Presença de Espírito

Digamos que eu esteja com vontade/necessidade de escrever um texto bem bonito e não tenha nenhum tema a ser desenvolvido: em desespero de causa, relutantemente peço ajuda aos anjos e santos para que venham em meu auxílio.

Não sei por que a relutância, pois quase sempre sou acudida quando estou em dificuldades.

Sempre achei que eles são muito mais sabidos do que eu. Parece que sabem ver por trás das aparências e vão direto ao pontinho sensível do momento. Quando acionados, eles se achegam e começo a sentir uma comichão, uma ebulição e logo, logo, uma idéia começa a brotar.

É por detrás do cotidiano, quando chega a hora de se aquietar, que surgem espaços, brechas mesmo, entre essa consciência diurna, com sua longa lista de tarefas a cumprir, e a consciência noturna, colorida por matizes impensáveis e ousados.

Meus santos do coração! Façamos um trato: eu prometo que abro espaço para vocês e vocês me sopram bem de leve um tema para que eu faça a minha arte.

Taí, apareceu uma coisa em que pensar! Quando isso acontece, começa a surgir algo borbulhando, pedindo passagem.

Fiquei encafifada com a expressão "Presença de Espírito". Quando alguém diz: "Fulano teve a presença de espírito de...", a que é mesmo que está se referindo? Torna-se curioso se for entendido literalmente...

Os estudiosos do esoterismo falam da presença do Anjo da Guarda, do Guia (uma espécie de *personal trainer* da alma), do Santo de Cabeça, do Orixá... Nomes diversos para o mesmo fenômeno... Coisa séria!

Mas a vida, dinâmica como é, de vez em quando fica tão confusa e destrambelhada que começamos a duvidar da existência desses seres ditos superiores e que, ao menos teoricamente, deviam nos proteger...

Eles às vezes são muito brincalhões, e atuam de um modo que até parece que ficam nos imitando na nossa (vã) tentativa de bem educar nossos filhotes.

Filhotes têm por hábito inventar moda; eles resolvem fazer algo insólito, nos apavoramos, não tendo muito o que dizer, mesmo porque eles não nos ouviriam, imersos no futuro, que é o seu reino, no sonho de ir em frente, e de que a graça é curtir o momento...

Tudo o que podemos fazer é garantir a retaguarda de nossa presença aparentemente segura; quais foram os pais que já não experienciaram frio na barriga ao ficar sob uma árvore enquanto o pimpolho já está lá em cima, equilibrando-se no galho mais alto e fino, e eles, por mais que se esforcem, não dando conta de alcançá-lo.

Ou, acompanhando um passeio a cavalo tão prosaico, mas preocupante, porque, no caso, sabemos que a mistura de dois seres irracionais no mesmo tempo e espaço não dá um bom coquetel...

Ou, pior ainda, quando os colocamos por conta própria num avião, que também a experiência nos afirma ser um animal irracional... Sabemos de todas as vantagens desse experimento para a vida, coisa e tal. Os amigos nos parabenizam pela nossa capacidade de antevisão do futuro, pelo modo realmente lúcido ou pela clarividência pela qual orientamos a nossa educação filial...

Depois disso não dá para confessar que não dormimos porque passamos a noite toda ocupados, segurando o avião no ar, caso o Anjo da Guarda tenha tido um dia estafante depois de uma noite de balada incessante, e resolva dormir em serviço...

Afinal de contas, não usamos um *head-hunter* para escolher o tal do Anjo ou Guia, nem pedimos *curriculum vitae* para ver se ele tem uma trajetória irrepreensível na sua função.

Nós, pobres pais, ou pobres orientandos desses seres divinos, não temos a menor chance! Não temos a menor jurisdição sobre essa escolha, quando sabemos que seria muito moderno, científico e de bom alvitre fazer até aconselhamento genético para ter certeza da compatibilidade desse Anjo conosco.

Mas não, eles surgem do mesmo modo que vieram nossos bebês, sem a menor cerimônia, com a maior desfaçatez; esses serezinhos em nossas vidas, sem manual de instruções, com validade para sempre, quero dizer, eterna, e sem nos perguntar nada...

E nós, que ainda nem temos uma vaga idéia do que viemos fazer aqui neste mundo, temos de botar banca de sabido senão eles abusam (mais ainda!) de nós.

Dizem que no momento de nos tornarmos pais (naquele estado de loucura total em que nos encontramos ao estarmos apaixonados e, portanto, totalmente incapazes de qualquer mínima lucidez), assinamos um contrato perene em que concordamos que o nosso coração nunca mais vai habitar sua moradia natural, isto é, o nosso peito.

E vocês sabem, aquele nosso velho companheiro do peito, por onde andará? Ele estará, sempre sobressaltado, em algum ponto desse nosso planeta, vigiando, constrangido, alguma peripécia desses nossos entes tão amados...

É aí que, nesse momento de aflição, baixamos a cabeça e concordamos em pedir, humildemente, aos Anjos, Santos, Guias, Orixás e congêneres, em primeiro lugar que nos perdoem a falta de fé, e a irreverência; e, em seguida, que nos acudam, sempre!

AXÉ, SHALOM, SARAVÁ, NAMASTÊ...

Em horas aflitas vale tudo, e eu, mesmo que algumas vezes incrédula, criteriosamente acendo vela e faço orações para ter sempre comigo, a

PRESENÇA DE ESPÍRITO!!!

Olhando para esse admirável mundo novo com perplexidade e indignação...

Esses novos tempos têm-me trazido a consciência da imensa riqueza de mudanças e questionamentos. Percebo um mundo em transição, que ainda não consigo nomear com clareza, exceto a rapidez fantástica da passagem do tempo. A ideologia da integração com a natureza, respeitando-a e com ela aprendendo a levar a vida de uma maneira mais rica e de acordo com um ritmo espontâneo, abrindo espaço para a criação, está sendo esquecida e desvalorizada.

São raras as pessoas com capacidade de voltar-se para dentro de si próprias buscando inspiração, mobilizando os próprios recursos ou significado para a vida.

As pessoas nos chegam sofridas, sem saber ver, ouvir, saborear aquilo que está bem diante de si; buscam lenitivo e força para o enfrentamento perplexo de um mundo em que não existem parâmetros claros quanto aos rumos a serem tomados. Mesmo quando parece que temos alguma bússola, é freqüente sentir a falta de chão sob nossos pés...

Os paradigmas que surgem são cambiantes. Em outros tempos, a dedicação a uma causa, estudo ou profissão era um critério básico para o sucesso pessoal e profissional. Hoje, percebemos uma dessacralização de tudo que a nossa geração julga, ou julgou, serem valores incontestáveis.

Hoje, o que consegue ser valorizado é aquele que se mostra sempre de modo extrovertido, que a todo momento está vendendo a imagem, que tem múltiplas atribuições, fazendo do seu dia uma correria desabalada, mostrando-se capaz de "surfar" acima de todas as ondas, sem se deixar comprometer com nada. Se existem duas palavras temidas e banidas hoje na nossa sociedade são *compromisso e intimidade*.

Tudo ocorre com rapidez estonteante, e de maneira muito intensa, sem tempo de preparação ou reflexão, sem que se possa escolher, discriminando aquilo que é nutritivo daquilo que é tóxico.

Acontecimentos importantes e rituais básicos são esquecidos e desconsiderados, banalizando relações e realizações, e sempre em busca do próximo evento, daquilo que ainda está por vir. Não pela existência de algum projeto consistente, mas, infelizmente, pelo consumo do "novo".

Parece que nada alimenta essa geração que não foi treinada para discriminar e se alimentar daquilo que o seu corpo pede.

Nem o ritual diário da refeição familiar em conjunto, momento esse em que são compartilhadas e valorizadas as vivências do dia, em que se trocam histórias, dando colorido aos acontecimentos. Esse jeito de viver não permite que se teçam relações, introduzindo o grupo familiar num enredo que vai se tornando importante porque compartilhado. Dessa maneira, as relações esfriam, viram cinza...

O contato com os "pioneiros" da família, nome mais correto para os membros mais velhos, se outrora era excessivo, levando algumas vezes a uma rigidez de hábitos e costumes, hoje é inexistente. O espaço da refeição conjunta foi tomado por uma série de refeições individuais, mal aquecidas num microondas, enquanto se assiste televisão.

E assim o campo está fértil para que se instale uma enorme solidão. E a importância da televisão consiste em reduzir o nível de estimulação ao mínimo, para que o sono venha logo, porque amanhã toda a correria se reinicia...

É importante fazer muitas coisas ao mesmo tempo. É assim que se demonstra competência. Existe uma triste confusão entre estar feliz e estar maníaco. Fazer pouco dá impressão de deserto, de paradeira. Quando estamos exaustos de tanto correr com a cabeça e com o coração, relaxamos saindo para correr de verdade, de preferência em algum percurso bem difícil e acidentado.

O lema *"no pain, no gain"* é tomado literalmente. As academias de "saúde" ensinam que o seu corpo tem de caber num molde estipulado pelos donos da moda, em geral pessoas que odeiam o ser humano. E dá-lhe pancada, e dá-lhe mais peso, mais força, e se o corpo não atender ao treino, sempre existem fórmulas mágicas que lhe prometem um lugar no Olimpo dos que conseguem caber naquilo que se chama de modernidade...

É com perplexidade e rebeldia que observo esse estado de coisas. Sinto vontade de levantar a voz em protesto e ir remando contra esse fluxo e subversivamente convidar as pessoas ao redor a recuperar suas histórias, com atenção e dedicação, construindo o próprio tempo...

Como ser moderno e atual sendo simples, sem ter de renunciar aos seus sonhos, tendo espaço para con-viver? Como ser coerente consigo mesmo sem desrespeitar o que importa em termos humanos, que é a tessitura de uma rede afetiva que garanta um espelho nítido, em que cada um pode se ver como digno de ser amado, perfeito e singular?

Como transmitir a noção de tempo onde existe a possibilidade do ensaio, da escolha, do aprendizado? Onde é possível não lidar o tempo todo com interrupções, estilhaços e delírios, que fazem com que até a angustiante e patológica história de *Alice no País das Maravilhas* nos pareça normal...?

É somente buscando a quietude, dando espaço para a consulta da bibliografia interna, aquela que fica guardada no fundo do coração, e só é visitada em situações de...

CRISE...

Se for para que se cumpra o prometido na acepção real da palavra crise, que significa alteração do rumo dos rios, seja bem-vinda, pode entrar, a porta está aberta...

Carta para uma amiga inquieta

Querida amiga,

Tem sido muito rica a experiência dessas conversas "inter-néticas". O fato de saber que estou dialogando com alguém que está me lendo/escutando, abre em mim um espaço muito especial, em que o tempo e as coisas do dia-a-dia se aquietam para dar passagem a uma outra dimensão, que, por falta de outra palavra melhor, chamo de onírica.

Adoro quando encontro um interlocutor paciente e dedicado que se propõe a ler as coisas que saem em momentos de descontração, quando as palavras, idéias e imagens saem quase que à minha revelia. E acredite que eu mesma levo um susto com o que sai...

Fico surpresa e alegre em descobrir novas dimensões que surgem como resultado do diálogo.

Tenho observado que, quando as pessoas estão atrapalhadas, sentindo-se solitárias, desérticas, em geral estão apartadas

A arte de restaurar histórias

de si mesmas, necessitando encontrar onde foi parar a outra parte, e costurá-las de modo a constituírem novamente um conjunto só.

Sabemos quando isso aconteceu ao ter uma sensação tão gostosa de integridade, liberando uma vontade de celebrar, passeando por aí, ao ritmo de uma musiquinha interna que teima em ficar em nós...

Eu costumo brincar que esse é o momento em que o *eu* se junta ao *comigo mesma*.

Você me escreveu que está num desses momentos atrapalhados, em que sabe que quer alguma coisa, anseia por algo indefinido... Não sabe por onde começar...

Só posso compartilhar que, quando isso ocorre comigo, eu costumo recorrer ao meu Baú de Imagens Internas... Sabe, não sei se já lhe falei a respeito disso, mas aprendi ao longo do tempo a colecionar imagens queridas e paisagens coloridas e cheias de horizontes. Sempre que passo por algum lugar bonito e aconchegante faço questão de fotografar, piscando os olhos, para guardar a imagem no meu Baú. Afinal, a gente nunca sabe quando vai precisar delas, não é?

Vou abrir só para você, que é uma pessoinha especial, um lugar de que eu gosto muito. É assim mesmo, sou muito seletiva com meus tesouros. Já pensou se entra alguém com os pés cheios de barro, ou as mãos sujas de graxa ou, ainda, uma pessoa desastrada, que não consegue ver nada que está bem na sua frente e sai por aí tropeçando? Derrubando minha coleção de caixinhas vindas de tantos lugares e tão cheias de histórias?

Entremos nessa casa no meio de um jardim. O portão está entreaberto... Subamos até o sótão e entremos devagarinho, dando tempo aos olhos de se acostumarem com a penumbra...

e devagarinho irem encontrando naquele ambiente enevoado, em tons de sépia, alguma coisa que provoque interesse.

Quem sabe aquele guarda-roupas da vovó, com direito a peles e *écharpes* tão diáfanas e macias, vestidos longos que foram usados em *soirées* importantes, como aquele baile da visita do príncipe... e aquele vestido de crepe com gola de renda, usado na inauguração daquele cinema tão elegante, com poltronas revestidas de veludo vermelho, em que se podia ouvir um pianista tocar canções românticas, já criando um clima antes do filme...

Há também a roupa vestida no dia do casamento daquela amiga especial com a qual a avó-mocinha trocava segredos, confidências e histórias, principalmente as que falavam do momento mágico em que surgiria nas suas vidas aquele que seria o seu bem-amado, e então toda a natureza estaria em festa...

Os olhos encantados deparam com uma caixona, onde há uma riqueza de material se oferecendo para que possamos nos fantasiar, e brincar também: bengalas, tiaras, peças diversas, antigas roupas de festas, anáguas de tule para fazer roupa de princesa, com luvinhas e luvonas, sabe? Aquelas que combinavam com vestidos longos e justos, compondo personagens fascinantes...

E aquela caixa de brinquedos que podia ser aberta em dias de chuva, por concessão especial, se insistíssemos muito, onde estava guardada (não sei por quê) uma caixa de botões, tiradas de roupas antigas, uns de madrepérolas, alguns dourados, outros miudinhos que devem ter dado muito trabalho a amantes mais afoitos...

E, naquele cantinho, muitos tecidos, pedacinhos e pedações, fininhos, coloridos, muito ou pouco usados, mas sempre destinados a se transformarem em colcha de retalhos que ela faria para as suas netas, com todo o desvelo, porque, no final das contas, esses pedacinhos de tecido, em conjunto, contavam muitas histórias, constituindo-se em um álbum de fotografias e recortes muito vivo, redescobrindo e revelando coisas contáveis e incontáveis também...

Com calma, nesta casa, a avó ia vivendo sua vida, e de modo geral, naquilo que ela cismava, dava certo. E todos achavam que ela tinha muita sorte.

O fato é que tinha um segredo... só fazia coisas que estivessem muito claras em seu coração. Aquilo que ainda estava nublado, ela deixava quietinho, aconchegado numa gavetinha do criado-mudo... (Já viu que nome mais adequado para a função exercida?).

Vovó não tinha pressa, ela sempre dizia que tinha todo o tempo do mundo! Então não se afobava, ia fazendo suas coisas com a tranqüilidade de quem sabia que era apenas um elo numa grande cadeia de pessoas e eventos...

Um aroma se desprendia quando os armários e gavetas eram abertos... Esse aroma trazia vivamente a memória e a presença da dona...

Como faço para descrever um aroma? Vou tentar... Era uma lavanda delicadíssima, que havia sido trazida por navios vindos de terras distantes... onde cresciam formando um conjunto de manchas de vários tons de roxos e liláses onde eram cultivadas...

Agora, querida amiga, deixo você de posse dessas imagens e aromas, dando um tempo para que elas façam o seu efeito.

Depois, você me conta...

Em geral, funciona para mim, quando me sinto atrapalhada com excesso de coisas que ficam atravancando o caminho que

A arte de restaurar histórias

me leva de volta a mim mesma, de onde retiro tantas coisas, principalmente inspiração quanto a um rumo a seguir.

Amiga, preciso ir cuidar da vida. Não sei se essa carta ajudou a esclarecer suas dúvidas. Ou se fez com que você ficasse ainda mais confusa...

...Se provocou movimento ou comichão, para mim, já é o suficiente. É um bom começo...

Me mande notícias, ou outras histórias, ou palpites, ou... ou...

Com carinho,
Jean

Carta para uma amiga: reflexões sobre a vida e a morte

Querida amiga,

Sei que o momento é de dor e perplexidade, nada faz sentido. O que fica presente, martelando, é a dor, que vem das entranhas e, apesar de ser nova, ao mesmo tempo parece velha conhecida, uma vez que abre o caminho para que todas as dores anteriormente vividas se façam presentes.

E sei também que nada do que eu disser vai servir de alívio.

Mas quero estar presente. Mesmo que tudo que eu diga agora não faça nenhum sentido. Gostaria de acreditar que pelo menos a sensação de estar acompanhada ajude um pouco. Permita que as palavras impressas entrem devagarinho, para que no caminho façam seu efeito, acalmando um pouco o tumulto que aí está instalado.

Quero tecer algumas considerações a respeito desse momento de passagem. Você diz que não está se reconhecendo... Não existe um jeito "certo", "adequado" de fazer a passagem.

Cada um tem o seu ritmo e o seu tempo. Ficar contrapondo *aquilo que você é* com aquilo que acha que *deveria ser apenas* traz um desgaste a mais.

Vou procurando, peneirando vivências que possam, ao serem compartilhadas, servir de algum modo de companhia para o momento que você está passando.

Ao longo do percurso da vida, vamos sofrendo perdas equivalentes a pequenas mortes. O próprio crescimento implica morte. Para que venha o novo, é necessário que o antigo se transforme.

À medida que a vida se faz, percebemos a alternância rítmica de ciclos de vida e de ciclos de morte. Ciclos evolutivos e ciclos involutivos. Cada fase do nosso crescimento implica fechar o antigo e dar passagem ao novo. O nosso próprio nascimento surge da morte da vida intra-uterina...

Minha Amiga, na vida de todos nós ocorrem eventos que trazem em si embriões de novas direções. Esses entroncamentos de estrada assinalam que um modo de viver acabou, e que um novo estilo está ainda emergindo, cercado de nebulosidade...

Entramos em contato com esses entroncamentos quando as malhas da nossa sensibilidade estão mais abertas, por uma dor profunda, ou pela concentração disciplinada no mundo interno.

Se permanecermos atentos às mensagens provenientes do nosso interior, aprenderemos a perceber que esses ciclos se fazem anunciar. Às vezes o contato com sonhos e imagens nos dá oportunidade de nos prepararmos para passar pelo desconhecido que está por surgir.

Isso significa enfrentar a insegurança de não saber o que fazer com a própria energia, ciente de que algo vai emergir, mas não sabendo o que e em que direção.

A arte de restaurar histórias

A cada crise, a tendência é repetir e expandir a maneira pela qual lidamos com as crises anteriormente vividas. Aprendemos aos poucos a conviver com nossa resposta a mudanças: com a impotência, com o medo e com sentimentos habitualmente soterrados como a raiva, a dor, o abandono.

Atravessar cada morte é aprender a respeito da transformação que resulta de cada momento de perplexidade, de não saber.

Só nos cabe arejar, dar espaço, abrir a roda. Entregar-se, viver o caos da experiência da morte, viver o nada, poder ser continente para o descontínuo. Só então ressurgimos modificados. Crescimento, mudança e maturação ocorrem pela de-formação do antigo e pela formação do novo. Não existem marcos importantes de nossas vidas que não sejam acompanhados de sentimentos de morte, porque não existe crescimento sem finalizações e perdas.

Lembra-se do que comentamos a respeito da "longa noite escura enfrentada pelo herói"? Estou me referindo ao processo arquetípico de individuação; projeto heróico em que todos nós, alguns de maneira mais sofrida, outros de maneira mais leve, ao nos colocarmos em busca do crescimento, abandonamos o conhecido e tomamos a estrada da busca. É uma fase de separação; depois vem o momento crucial da descida aos infernos, com a conseqüente transformação pessoal e posterior retorno ao ponto de partida.

Quando ocorre uma perda concreta de alguém muito amado, a energia fica desvinculada, e somos tomados por uma carga excessiva de energia, que, em circunstâncias anteriores, tinha um continente e uma direção. Sempre que ficamos desvinculados e a energia fica solta, somos tomados de assalto por sentimentos que nos aterrorizam...

A morte, como as diferentes perdas, geram liberação de energia sem direção nem forma, intensificam a impotência e o desamparo. A dor e o luto relacionam-se com a perda e o conseqüente sentimento de ser abandonado.

Principalmente pelo medo de ficar só. Esse medo assume tal proporção que, mesmo as relações interpessoais mais destrutivas, são preferíveis ao enfrentamento do vazio.

A dor é o sentimento de perda diante da quebra do vínculo; luto é o processo de integração dessa perda em nossas vidas. A dor surge da traição do inesperado, e é a expressão emocional desse espaço recém-criado. O luto, essa angústia que faz o peito doer tanto, ficando tão apertado, é o processo de atravessar essa dor.

Você há de me perguntar, como se sai dessa crise?

O que eu posso lhe dizer a respeito disso é que não se pode fazer nada. Apenas lhe garanto que a cada manhã, ao acordar, você vai se percebendo com maior facilidade de respirar, vai acordando mais leve, até que a vida assuma seu rumo novamente. A perda é para sempre. Essa intensidade de dor não.

A dor que não encontra um canal de expressão transforma-se em doença. Raiva e medo, expansão e retração são respostas perfeitamente naturais, mesmo que não caibam na imagem socialmente esperada de "coragem".

O resultado desse alargamento de fronteiras pessoais possibilita um outro ângulo de visão de vida. Os fatos não se alteram. A nossa história de vida (ou de morte) é nosso patrimônio.

O que constantemente se altera é o lugar a partir do qual olhamos para essa história. A mudança de referencial redimensiona toda a percepção. Ao possibilitar a expansão da cons-

A arte de restaurar histórias

ciência nos seus mais variados contextos e níveis, alargando fronteiras de tempo e espaço; ao mergulhar na própria subjetividade; ao ter a experiência dando nome ao vivido, podemos nos despir de padrões externos.

Podemos então fazer a listagem de nossa "Bibliografia interna", sendo, portanto, autores de nossa própria mitologia.

A presença constante da possibilidade de perda provoca, paradoxalmente, a urgência de viver, da expressão clara, da transmissão do patrimônio vivido. É justamente a consciência da possibilidade do não-ser, do não-estar, que salienta o sabor dos momentos de comunhão...

Não sei se essas palavras ajudam de algum modo, mas o que quero deixar claro é que estou aqui, bem perto, ao alcance de sua mão. Com toda a humildade desejo que o compartilhar da minha vivência e o meu afeto por você tenham podido acompanhá-la nessa sua travessia...

Um abraço,
Jean

A professora

Um pequeno conto a partir de uma história verídica

Já houve um tempo em que ser professor era realmente uma escolha feita por um chamado do coração. Eu tive o prazer e o privilégio de ouvir histórias a respeito de uma professora genuína. Vou contar para vocês.

Muito sabida, ela era atenta. Sabia que cada pessoa que passava por sua vida, ainda que brevemente, era importante, tinha um sentido, ainda que não soubesse dizer de pronto qual era. Ela sabia ouvir como ninguém. Não ouvia somente o conteúdo da fala, ouvia principalmente o tom de voz, o ritmo da fala e a música resultante.

Então, com um jeito de quem não quer nada, observava cada um, procurando descobrir que tipo de linguagem era necessária para conseguir conectar-se; qual o tema que fazia os olhos brilharem, que assuntos faziam com que muito sutilmente sua voz apresentasse uma interrupção, causada pela emoção...

Enfim, experimentava, procurando saber qual era a chave mestra que conseguia destrancar o peito, chegando até a alma daquele ser, a qual habitualmente era tão bem-guardada.

E ela registrava em sua cabeça, cuidadosamente, a história daquela pessoa, sendo capaz de lembrar os assuntos que não eram bem-vindos porque provocavam dor, fazendo com que a pessoa ficasse opaca, perdendo o seu brilho; notava os seus emperramentos, os momentos de paralisia.

Ela possuía um caderninho vermelho, em que registrava criteriosamente o nome do aluno, a data em que ele surgiu em sua vida, e qual tinha sido a sua busca declarada, aquela desculpa esfarrapada que cada um inventa para justificar a sua chegada...

Ela costumava deixar as pessoas atônitas ao perguntar, de repente, vindo do nada, se tinham vindo até ela em busca de formação ou de inspiração? (Ela manifestava preferência por aquelas que tinham vindo em busca de inspiração...).

E costumava pensar com seus botões: "Não seria tão mais fácil se as pessoas viessem apenas para estar ali, porque aquelas outras que lá estavam pareciam felizes e sorridentes, e ali parecia ser um lugar tranqüilo, à sombra das árvores, com uma brisazinha leve, que perpassava como se estivesse trazendo um cochicho de inspiração?"... Era só dizer: "Eu também quero!" E pronto! Se achegariam.

Ela apresentava também uma certa predileção por pessoas pequenininhas, em que cabia tanta coisa, tanta brincadeira, tantas historinhas, tantas letrinhas; as pessoas grandes pareciam, apenas pareciam, ter mais espaço, mas já vinham lotadas, sem espaço para qualquer coisa inusitada, menos ainda para surpresas...

Mas, enfim, ninguém é perfeito, não é verdade?

A arte de restaurar histórias

Ela também era cercada de gente grande e transbordando de fatos tristes, palavras e letrinhas que não faziam sentido. E de onde não saía nenhuma música.

E fazia anotações no seu caderninho. Quem eram, que idade diziam ter, que idade ela avaliava que de fato tivessem (sim, porque ela possuía também a característica de olhar através das aparências), quem eram as pessoas mais importantes na vida delas, de quem elas gostavam, onde elas costumavam se esconder quando precisavam ficar quietinhas, qual a comida de que precisavam para sarar de machucados feitos por seus companheiros de vida, às vezes tão desastrados...

E assim a vida ia passando.

E ela sempre "ligada" nos seus alunos, cuidando da sua tarefa. Que muita gente achava esquisita, mas era, parecia, tão simples: a de estar atenta e registrar, anotando tudo que era importante.

Foi então que, numa certa época terrível, houve um tal desconcerto no mundo, tudo virou de ponta cabeça! Todos querendo ser donos de tudo, querendo impor suas opiniões, invadindo terras, casas, plantações, costumes, religiões, crenças, gentes, esperanças; parecia que o mundo ia se acabar. Como de fato quase acabou mesmo.

Era a guerra, com toda a sua destruição!

As poucas pessoas que sobreviveram corriam, desorientadas, em busca de seus queridos que haviam desaparecido. Não tinham certeza se estavam vivos ou mortos. Mas era a dúvida o que as mantinha vivas. Foi uma penosa e longa saga para reconstruir o que havia sido penosamente devastado. Aqueles que conseguiram a muito custo manter uma mínima possibilidade de fé, de esperança na vida, iluminavam os caminhos de outros que estavam rodando no escuro.

Depois de longo e exaustivo período de retirada de escombros, imaginem quem surge, reaparecendo, alquebrada, envelhecida, mas com a sua força de vida brilhando como sempre? A nossa professora, agarrada ao seu caderninho vermelho.

Logo no início do conflito, ela havia decidido que não fugiria para lado nenhum, porque suas pessoas queridas, as grandes e também as pequenas, poderiam precisar dela, e precisavam ser capazes de encontrá-la.

E lá permaneceu, acreditando que de fato nada de mal poderia lhe ocorrer.

E esperou.

Pouco a pouco, os sobreviventes foram se unindo ao esforço de reconstrução, e lembrando daquela mulher que os tinha iniciado nas letras e na arte do cuidado com as pessoas; e foram procurá-la. E ela lá estava. Disponível, como sempre. Com sua memória, suas cartas e seu caderninho.

Foi assim que muitos encontraram suas famílias, seus entes queridos, que ela havia conseguido manter em contato por meio de cartas que insistia em escrever, contando tudo o que sabia de uns e outros. E assim teceu e costurou antigas e novas amizades, antigas e novas famílias, antigos e novos grupos.

Por meio dessas cartas ela se manteve viva, distribuindo um pouco de calor para os longos invernos de pessoas tão solitárias e distantes.

Afinal, se os entes queridos estavam vivos, havia razão para esperança, para resistir e viver. E ela escrevendo sempre, contando histórias que colecionava.

E foi assim que muitos se reencontraram, e reiniciaram a construção de suas vidas.

Um dia, suas pessoas queridas quiseram agradecer, prestando uma homenagem.

Marcaram um local e uma data, num futuro não muito distante, para se reunirem com ela e lhe dar um presente. Resolveram que cada pessoa que havia sido salva por suas cartas, tendo encontrado seus amigos e família, iria com eles até um local bem escolhido no alto de uma montanha, de onde se podia ver um panorama infinito, e ali plantaria uma árvore.

No início, era curioso ver que cada pessoa achava que era única na vida da professora, que aquele milagre era só seu. Só agora percebiam que eram tantas essas pessoas que haviam passado pela sua vida que, por isso, já se falava em plantar o bosque da professora.

A essa altura, ela já estava com uma certa idade, mas contente com o que realizara; sempre escrevendo, nunca deixou que as pessoas desanimassem de vir àquele encontro marcado e plantar sua árvore, lembrando-se de que tal gesto trazia em si o enorme significado de manter as pessoas vivas.

Foi só às vésperas da data marcada que ela escreveu incentivando todos a virem ao lugar marcado, dizendo que ela própria não estava dando conta da emoção de ver todos juntos.

Ela, que havia passado tanto tempo compartilhando tantas vidas... Agradecia muito e dizia também que tinha certeza de que esse seria o bosque mais florido, perfumado e fresquinho dentre todos os que conheceu em sua vida...

E, principalmente, que naquele momento ela (mais uma vez) não podia se afastar, porque estava muito ocupada com a necessidade de encontrar e selecionar pessoas especiais que gostassem de cuidar da vida, de escrever cartas e também de tecer e costurar histórias...

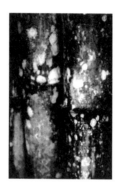

Arremates

Meu amigo leitor,

Acho bem provável, que em vez de ter algumas questões respondidas com a leitura desse livro, o resultado tenha sido um acréscimo de dúvidas.

Isso me lembra de uma cena com a avó, pessoa muito especial (lá vem história), que cozinhava divinamente. Suas mãos eram grandes e fofinhas, e era capaz de produzir banquetes em muito pouco tempo, sendo capaz da façanha de administrar todas aquelas panelas em conjunto.

Eu, recém-casada, querendo aprender e mostrar serviço, acho até que mais mostrar serviço do que aprender, pergunto a ela: "Vó, você faz tão bem esta pizza, me ensina como se faz?" Ao que ela responde:

"É fácil, veja: você apanha um *punhado* de farinha de trigo (e balançou várias vezes a mão direita, como se estivesse pesando a farinha), acrescenta *um pouco de água para dar liga* (como se eu soubesse o que era isto), põe *um tanto* de óleo (quanto?) e acrescenta uma *pitada de sal*, novamente usando a mão direita para demonstrar como se jogava o sal(???). Daí, amasse a massa até *dar ponto*... é só.

"Depois disso, você usa o recheio que preferir..."

E eu, na mesma...

Hoje entendo o que ela me ensinou. Não era para me manter na ignorância de propósito, não. Nem uma artimanha diabólica para me manter nas trevas... É que a pizza já era tão parte de sua mão e de seu ser, que não havia meio de desconectar uma da outra.

É esse ofício de cuidar da alma das pessoas fica também tão entranhado na gente, que vira meio de vida, faz parte da massa do sangue, não dá para objetivar muito. Para definir passo a passo o caminho a seguir.

Mesmo porque, o caminho de cada um é de cada um.

Bibliografia interna

Abel, Alice, Ana, Ana Lucia, Ana Paula, André, Angela, Ari, Angelo, Arnaldo, Betinha, Beto, Carlos, Cassiana, Cecilia, Celisa, Celso, Ciça, Coca, Cristina, Dada, Daisy, Daniel, Eduardo, Elza, Elysette, Enila, Fanny, Fátima, George, Gercy, Gláucia, Goretti, Guto, Henrique, Ian, Isabel, Jane, Keila, Ligia, Lliam, Lilian, Liomar, Lourdes, Lucia, Luis, Luiz Alfredo, Luiz Antonio, Magui, Mara, Maria, Mário, Marina, Mauro, Miguel Angel, Miguel Angelo, Myriam, Myrian, Naidi, Neusa, Nicolau, Otávio, Patricia, Paulo, Paula Cristina, Pedro, Raquel, Regina, Ricardo, Roberto, Ronaldo, Rosana, Rosane, Sarah, Scylla, Selma, Simone, Sonia, Susana, Suzy, Sylvia, Tati, Terezinha, Therese, Tessy, Thomaz, Ugarte, Vera Lucia, Vera Helena, Virginia, Vó, Walter, William, Zaira, Zilda.

Jean Clark Juliano

Tenho o orgulho de ser da primeira turma de psicólogos formada pela PUC-SP, onde trabalhei por 23 anos, como professora e coordenadora de grupos nas matérias referentes à psicoterapia.

Sou pioneira na introdução de Gestalt-terapia no Brasil. Minha formação em Gestalt foi feita com os principais terapeutas e pensadores dessa abordagem. Fundadora do Centro de Estudos de Gestalt de São Paulo, sou consultora nos diversos cursos de aperfeiçoamento e de pós-formação em várias regiões do país.

Psicoterapeuta há 31 anos, esposa, mãe de família e avó, sempre tive fascinação em ouvir histórias, em contar algumas delas e em buscar formas criativas de facilitar o diálogo e a comunicação entre pessoas.

A escrita surgiu mais recentemente, com o entusiasmo em deixar registrados fatos vividos e situações curiosas sob a forma de contos e histórias.

Por intermédio do contato com o computador e, principalmente, da correspondência por e-mail, comecei a trocar textos com colegas que muito me incentivaram a prosseguir nesta empreitada de escrever.

A partir desses textos, comecei a criar um trabalho em grupo que se chama "Trabalhando Com-textos". Dai passei a usar meus textos como forma de aquecimento para um maior aprofundamento da discussão de um tema proposto.

A partir desse trabalho, tenho obtido um subproduto interessante: lentamente as pessoas começam a tirar seus escritos do fundo das gavetas e trazê-los à luz do dia; criando uma ciranda de pessoas que, emocionadas, também se tornam contadoras de histórias.

leia também

DE PESSOA A PESSOA
PSICOTERAPIA DIALÓGICA
Richard Hycner

Partindo da filosofia do diálogo de Martin Buber, esta obra constitui um avanço no campo da psicoterapia dialógica. Centrada no encontro entre terapeuta e seu cliente ou família, essa concepção pode ser utilizada nas mais diversas abordagens incorporando a ênfase no "aqui e agora" ao desenvolvimento do self.
REF. 10455   ISBN 85-323-0455-9

NÃO APRESSE O RIO
(ELE CORRE SOZINHO)
Barry Stevens

Um relato a respeito do uso que a autora faz da Gestalt-terapia e dos caminhos do Zen, Krishnamurti e índios americanos para aprofundar e expandir a experiência pessoal e o trabalho com as dificuldades. Episódio autobiográfico que mostra o processo da autora em um período de 3 meses em contato com Fritz Perls.
REF. 10102   ISBN 85-323-0102-9

PROCESSO, DIÁLOGO E AWARENESS
ENSAIOS EM GESTALT-TERAPIA
Gary M. Yontef

Publicado em 1991 é um dos trabalhos mais importantes da nova geração de profissionais ligados à Gestalt. O livro é uma coleção de ensaios sobre alguns dos temas essenciais na abordagem gestáltica: diagnóstico, tratamento de distúrbios de caráter, trabalho com grupos etc. Esta obra já é considerada um trabalho fundamental para desenvolvimento e atualização.
REF. 10663   ISBN 85-323-0663-2

RELAÇÃO E CURA EM GESTALT-TERAPIA
Richard Hycner e Lynne Jacobs

Os autores ocupam posição de destaque na nova geração de Gestalt-terapeutas. Abordam os problemas relevantes em psicoterapia com abrangência, meticulosidade e profundidade. Fundamentam-se na filosofia de Martin Buber, relacionando a Gestalt-terapia com a psicologia do self e a teoria da intersubjetividade.
REF. 10611   ISBN 85-323-0611-X

www.gruposummus.com.br